DES TALISMANS,
OV
FIGVRES FAITES SOVS
CERTAINES Constellations,
pour faire aymer & respecter les hommes, les
enrichir, guérir leurs maladies, chasser les bestes nuisibles, destourner les orages, & accomplir d'autres effets merueilleux.

Auec des obseruations contre le liure des CVRIOSITEZ
INOVYES DE M. I. GAFFAREL.

ET VN TRAICTE' DE L'VNGVENT DES
Armes, ou vnguent sympathetique & constellé, pour
sçauoir si l'on en peut guerir vne playe l'ayant appliqué seulement sur l'espée qui a fait le coup, ou sur vn
baston ensanglanté, ou sur le pourpoint & la chemise
du blessé.

*Le tout tiré de la seconde partie de la Science des
Choses corporelles.*

Par le sieur DE L'ISLE.

A PARIS,
Chez ANTHOINE DE SOMMAVILLE, au Palais,
dans la petite salle, à l'Escu de France.

M. DC. XXXVI.
AVEC PRIVILEGE DV ROY.

AVERTISSEMENT AVX CVRIEVX.

BEaux esprits, qui cherchez de la satisfaction dans la lecture, vous deuez sçauoir que ce traicté des Talismans & celuy de l'vnguent sympathetique, sont des Chapitres tirez de la suite de la Science humaine vniuerselle, dont la premiere partie a desia paru sous le titre, de la Science des choses corporelles, que l'on pourroit appeller selon le vulgaire la vraye Physique Françoise. Ceux qui n'ont point veu encore ce premier liure, doiuent prendre la peine de le voir, afin de comprendre mieux les desseins de celuy cy qui en obserue toutes les maximes & en suit les opinions & le stile. Ce liure des choses corporelles contient aussi de grands secrets en ce qui est de la situation des Astres, de leur grandeur, de leur figure, de leur couleur, & de leur mouuement. Cela vous facilitera la connoissance de leurs qualitez, pour estre asseurez s'ils ont les figures que les Astrologues leur attribuent, & s'ils iettent des rayons sur les images faites à leur imitation; vous y apprendrez aussi quelles sont les qualitez des corps elementaires, pour iuger de là si vne telle matiere ayant receu vne nouuelle figure peut estre capable de guerir les maladies, & preseruer les hommes de tout accident fascheux. C'est ce qui fait pour le suiet present; mais danantage vous y trouuerez les plus

ADVERTISSEMENT.

belles curiositez de la Physique traitees auec d'autres methodes & d'autres opinions que dans les escolles & dans les liures vulgaires; vous verrez en quelle situation est la terre, l'eau & l'air, auec vn traicté du Vuide, qui monstre l'abus des preuues par lesquelles on pretend de certifier qu'il ne s'en sçauroit trouuer dans le monde. Tout ce qui peut-estre dit pour la mobilité de la terre & pour son immobilité y est encore, & toutes les opinions que l'on peut auoir touchant le flux & reflux de la mer, auec la refutation de celles qui ne sont point vray-semblables. L'on y trouue aussi quelles sont les qualitez des corps principaux connues par l'attouchement, comme la dureté ou la mollesse, la secheresse ou l'humidité; la pesanteur ou la legereté, & la chaleur ou la fraideur. Apres il s'agit de la matiere de ces corps principaux & de la distinction & du nombre des Elemens, où l'on apprend à se garentir des erreurs communes, & enfin l'on y trouue la consideration du vray feu du monde qui est le Soleil, & l'on void quelle est la matiere de tous les corps celestes. Toutes les choses qui sont là dedans sont fondées sur les preceptes de la vraye raison & de l'experience. Tout homme qui aura le iugement sain & qui lira cela, verra que cela est fait expres pour se raporter au supreme degré du Sens commun, sans que l'on y puisse estre trompé, & que iusqu'à cette-heure les instructions que l'on nous à données sur semblables suiets n'ont esté establies que sur des subtilitez de langage où plusieurs se sont amusez pour bastir de nouuelles sectes. Qui plus est, l'on connoistra que la pluspart de nos liures de morale, de politique, de discours meslez, & mesme de

ADVERTISSEMENT.

Theologie sont remplis de faussetez en beaucoup de lieux, lors qu'ils prennent pour similitude ou pour preuue, quelque qualité ou quelque effect des corps naturels, & qu'ils en parlent suiuant l'erreur de la Philosophie vulgaire. Si l'on lit attentiuement la Science des choses corporelles, i'espere que l'on sçaura plus au vray les merueilles de la nature, & que l'on sera en chemin d'acquerir la vraye Philosophie.

Pour y estre introduit, ce liure porte au cōmencement vne Remonstrāce sur les erreurs & les vices qui parle ouuertemēt de tous les deffaux des hōmes, & si l'on l'examine bien, l'on verra peut-estre que l'on n'a point encore eu de piece si hardie. La proposition de la Science vniuerselle suyt apres auec la Preface où l'on connoist en abregé quel est le dessein de l'ouurage, & si l'ō veut sçauoir ce que les autres parties doiuēt cōtenir, il faut auoir recours à l'Auertissemēt qui est à la fin du liure, dās lequel l'on void vne espece de table des traitez qui doiuent suiure apres, comme sont ceux, De l'action du Soleil sur les autres corps; De la lumiere, & de la chaleur; Des Meteores; Des Pierres; Des Metaux; Des Plantes; des Animaux; Des cinq Sens, De la difference des Ames, De l'Immortalité de l'Ame Raisonnable, De la Nature des Anges, De la connoissance que l'on peut auoir de Dieu, De sa Prouidence, & de la Creation du Monde. Pour ce qui est des Artifices Curieux, l'Aduertissement de la Science des choses corporelles en promet plusieurs, entre lesquels est celuy des Talismans, par le moyen desquels il faut sçauoir si l'on peut disposer de l'influence des Astres & les adresser où l'on veut; & il est encore parlé

ADVERTISSEMENT.

au mesme lieu de l'vnguent de sympathie, dont l'Auteur asseuré qu'il cherchera la verité, & auec cela il promet de traiter de la trãsmutatiõ & de l'augmentatiõ des metaux & de la pierre Philosophalle, du moyen de rendre les terres fertilles, & de conseruer la santé des animaux ou de la recouurer quand elle est perduë, & de plusieurs autres choses remarquables que l'on peut inferer de la suite de son discours, comme de l'Astrologie Iudiciaire, & des autres manieres de diuination, & des puissances de la magie. La vraye Logique, la Grammaire, la Rhetorique, les reigles de la Poësie & de l'Histoire y sont aussi promises auec vne morale parfaite, qui est l'accomplissement de l'œuure. Mais en attendant toutes ces choses, il faut s'occuper à voir ce que nous auons dés maintenant, cõme ce traité des Talismans lequel l'on a donné plustost que plusieurs autres qui sont autant acheuez, d'autant qu'il deliure les esprits des erreurs où le liure, Des Curiositez Inoüyes, les pouuoit mettre. De peur que ces fausses opinions gagnassent quelque credit, il a falu donner ce qui estoit tout prest contre ce suiet. Ce traité des Talismans est pris du texte du liure de la science humaine, & les obseruations en sont le Comment aire, dedans lequel peuuent entrer celles qui sont faites particulieremẽt contre les Curiositez inouyes. Quant au traité de l'vnguent sympathetique, il y a esté ioint assez à propos, puisque c'est aussi vn effet de magie naturelle où l'on emprunte encore le pouuoir d'vne constellation.

Vous qui tenez maintenant ce liure dans vos mains, ie croy que ie n'ay que faire de vous exhorter à voir des choses rares & curieuses, puis-

ADVERTISSEMENT.

que vous en estes venu là, vous y estes assez enclins de vous mesmes, & s'il est ainsi que vous n'ayez point encore leu le liure de la Science des choses corporelles, qui est la premiere partie & le fondement de tous ces ouurages, ie ne doute point que vous ne taschiez de l'auoir bien tost, & que c'est assez de vous l'auoir indiqué. Il y a desia quelques mois qu'il est en vente, & si vous allez à la ruë S. Iacques à l'enseigne de la bonne Foy deuant S. Yues, vous ne manquerez point d'y en trouuer, comme aussi chez quelques autres Libraires qui en peuuent auoir tiré de là, tellement que l'excuse n'est pas legitime de ceux qui disent qu'ils ont bien ouy parler de ce liure, mais qu'ils ne sçauent où le rencontrer. Selon l'accueil que vous ferez à cette premiere partie, & à ce traicté present, l'Auteur sera incité à vous donner les autres.

   Croyez moy, chers esprits, il n'y a rien au monde qui vous doiue tant plaire que les discours de Philosophie. Les Romans vous laissent sans aucune satisfaction, lors que vous considerez que ce ne sont que chimeres inuentées à plaisir; les Histoires ne vous peuuent guere côtenter dauantage, si vous considerez que pour les antiennes il y a quantité de fables, & pour les modernes il y a bien de la flaterie & de la calomnie selon les passions des Escriuains. D'ailleurs qu'est-ce que toutes les histoires qu'vne repetition de mesmes accidens, à sçauoir de mariages, de naissances d'enfans, de guerres, de trahisons, & d'assassins? Combien y void on aussi plus d'exemples de vices que de vertus? La consideration de toutes les choses du monde faite Philosophiquement, n'a point tous ces deffauts: Les substances que l'on contemple demeurent en estat

ADVERTISSEMENT.

d'estre examinées pour en connoistre la verité, & outre que la recherche en est tres-agreable, elle est tres-vtile pour nous deliurer des tenebres de l'ignorance, & nous aprendre ce que nous sommes & ce que c'est que le sejour où nous habitons, & nous faire accomplir des actions dignes de nous, au lieu que la pluspart des hommes qui ignorent ces choses menent vne vie qui n'est gueres differente de celle des brutes. Neantmoins ie ne méprise pas les autres lectures: mais ie ne suis pas d'auis aussi que l'õ quitte entierement celle-cy pour les autres. Au moins vous-pouuez sçauoir ce que vaut la dignité du suiet, & en voyãt les ouurages dõt ie vous parle vous sçaurez si la forme respond à la matiere. Ie sçay bien que la pluspart sont destournez de la lecture des liures de Philosophie, pource qu'ils les trouuẽt d'vn langage barbare & mal poly; mais si vous n'ê estes arrestez que là dessus, asseurez vous que ces liures-cy n'ont point ces termes qui vous blessent l'oreille dans les autres, & que vous les pourrez lire auec plaisir. Il est à souhaiter que l'Auteur nous donne vn iour le tout, afin de s'instruire agreablement & sans peine de toutes les choses qui se peuuent imaginer. Les cours de Philosophie ne vont point si loin que cela, & ne nous aprennent point tant de diuerses curiositez: Aussi toutes les diuerses pieces que nous verrons, ne tendent qu'à bastir vne Science Vniuerselle, qui sera dans vn ordre tout particulier.

Ayez donc soin de voir ces choses à mesure que l'on vous les communiquera, & nous ne vous demandons point d'autre recompense pour auoir disposé l'Auteur à vous les donner.

DES TALISMANS,
OV
FIGVRES FAITES SOVS
certaines conſtellations, pour chaſſer les beſtes nuiſibles, détourner les orages, guerir les maladies, & accomplir d'autres effets merueilleux.

Comment l'on peut faire par art que les Aſtres accompliſſent quelque choſe qu'ils ne feroient pas dans leur reigle ordinaire.

SECTION PREMIERE.

LA diuerſe nature des Aſtres & des autres Corps Principaux eſt aſſez recherchée dás la Premiere Partie de la Scien-

A

ce des choses corporelles. Le premier Chapitre du second Volume, & quelques autres suiuans doiuent considerer aussi quelle est l'action du Souuerain Feu du Mõde sur les autres matieres, & l'on y doit apprendre si ce feu souuerain se treuue en tous les Astres,& quels changemens ils sont capables d'apporter aux corps qui leur sont sujets.

L'on void en cela ce qu'ils operent suiuant les loix naturelles. Il reste à sçauoir s'il y a quelque artifice qui les puisse contraindre à faire ce qu'ils ne feroient pas, si l'on les laissoit agir à l'ordinaire. Il est bien difficile de s'imaginer que l'on puisse changer le dessein de ces corps si puissans & si esleuez. Ce ne sont pas des Dieux comme quelques Antiens ont pensé; Neantmoins leur ordre ne sçauroit estre violé, pource qu'il a esté prescrit de Dieu, dont les arrests sont immuables, & de qui la souueraineté qu'ils ont sur les autres corps est dépendante, comme estant le Createur & le Maistre absolu de toutes choses. Il est vray qu'il y a de certains moyens de s'accommoder aux choses les plus constantes, & acheuer ou ayder par art ce que la nature a commencé, tellement que si l'on ne cháge les effets des Astres, l'on les peut bien accroistre. Il faut auoüer que cela se peut faire, mais c'est en trauaillant vers les choses qui souffrent l'action des Corps Principaux, & qui sont en nostre pouuoir pour leur petitesse. L'on peut augmenter l'ardeur que l'on reçoit du Soleil en y opposant quelque miroir ou quelque autre corps où elle soit ramassée. Le mesme peut estre fait encore de la tiede chaleur de la Lune. Mais il n'y a que les qualitez qui sont communiquées iufques en terre que l'on accroiffe de cette maniere; ce n'eft auffi que leur reception qui eft augmentée en vn certain lieu, y faifant venir ce qui s'épâdroit en plufieurs. La fource ne participe point à cela. Il ne s'y fait aucun changement, de forte que pour ce regard l'on peut dire que les Corps Principaux demeurét toufiours inuiolables. Toutefois puis que l'on peut diminuer ou augmenter la chaleur qui vient des Aftres en quelque endroit, il eft certain que c'eft auoir la puiffance de faire qu'il arriue quelque chofe qu'ils ne feroient pas dans leur regle naturelle.

La lumiere peut eftre auffi augmentée par cette inuention de mefme que la chaleur, & dauantage il fe peut faire vn tranfport de l'vne & de l'autre. Les rayons du Soleil frapent droit dans vne place defcouuerte, mais les receuant dans quelque miroir l'on les peut faire aller dans vne chambre obscure qui est auprés. L'on peut aussi auec de certains miroirs concaues, renuoyer la chaleur sur d'autres corps. C'est auoir encore en cela quelque pouuoir sur les qualitez qui sortent des Astres. Il en faut demeurer d'accord, mais l'on veut bien passer plus auant.

Du pouuoir que l'on a de transporter les Influences où l'on veut, par le moyen des figures faites sous certaines constellations.

SECT. II.

ENtre ceux qui tiennent que les Astres regissent l'vniuers, il y en a qui croyent que les secrettes influences, par lesquelles ils rangent les choses sous leur empire, peuuent estre tournées où l'on veut par vn artifice exprés. Cét ouurage est estimé fort grand, car il semble que ce n'est pas seulement faire vn transport des effets qui sortent des Astres, mais que c'est violenter les Astres mesmes. Si les influences ont lieu, elles agissent par des voyes inuisibles, & l'on n'a pas la mesme facilité à les receuoir que la chaleur & la lumiere. Toutefois quoy que l'on fasse pour les disposer selon ses souhaits l'on n'opere que sur des choses qui se laissent manier, tellement que les corps Superieurs ne changent point. Il est vray que les puissances secrettes dont l'on dit qu'ils agissent, estans leur force principale, c'est faire ce qu'ils ne vouloient pas de les destourner, & pour la difficulté qu'il y a à l'execution, s'il est vray que cela se puisse faire, cela monstre encore dauantage le pouuoir de l'homme; mais il faut sçauoir si ce que l'on en propose est asseuré.

Ceux qui se vantent de cela, esperent d'y paruenir en faisant des figures de certain metail ou de quelque pierre, & autres matieres auec des carracteres exprés sous toute sorte de constellations. Ils disent que ces choses estans accommodées en vn temps propre, les Astres y impriment des qualitez si puissantes, qu'elles operent aprés de mesme que la constellation sous laquelle l'on les a faites. Pour croire cecy, il faut premierement demeurer d'accord que selon le rang que tiennent les Astres tout ce qui est icy bas est gouuerné. L'on n'y contredit pas auec beaucoup d'opiniastreté, touchant l'esleuation de quelques Meteores, la perte ou l'auancement de quelques fruicts, la production des insectes, & le changement de l'air inferieur pour causer diuerses maladies aux hommes: Mais en ce qui est des diuers accidents de la vie humaine & mesme de quantité de merueilles extraordinaires, il n'y faut pas consentir. Toutefois il faut poser que cela soit

DES TALISMANS. 9

afin de sçauoir si mesme en ce cas là leurs operations auront de l'efficace.

Ils disent que si lors que Saturne est heureusement placé dás le Ciel, l'on fait auec de la pierre d'aymant la figure d'vn homme qui ayt vne teste de cerf, & soit assis sur vn dragon, tenant en main vne faux, cela seruira à la longueur de la vie; Que si sous la mesme Planette iointe à Mercure, l'on fait vne figure d'airain ayant la forme d'vn vieillard venerable, elle seruira à predire l'auenir, & que mesme quelques Anciens ont asseuré qu'elle parlera pour instruire les hommes de ce qu'ils auront à faire, & que c'estoit de telles Idoles fabriquées sous des constellations conuenables, qui rendoient autrefois des Oracles.

Sous Iupiter il faut faire la figure d'vn homme couronné, ce qui sert à augmenter les honneurs & les richesses. Sous Mars celle d'vn homme armé, monté sur vn Lyon, tenant d'vne main vn couftelas & de l'autre la tefte d'vn homme, pour emporter la victoire sur ses ennemis ; Sous le Soleil l'on fait encore la figure d'vn homme couróné qui fert à s'agrandir & se faire aymer de tout le monde, Sous Venus vne femme nuë, pour eftre heureux en des amours impudiques: Sous Mercure vn ieune homme portant le caducée pour se conseruer la paix, acquerir la facilité du difcours, & la profperité du commerce ; & fous la Lune, vne femme ayant le croiffant fur la tefte, qui fert à rendre les voyages heureux.

L'on peut faire encore diuerfes figures, non feulement à chaque Signe du Zodiaque, mais à chaque degré, comme auffi à chacun des vingt-huict iours de la Lune, & pareillement à l'intention de chaque iour de la sepmaine, obseruant les heures & les moments, selon qu'ils sont dediez à chaque Planete.

Pource que des images ou statuës taillées coustent plus de peine à faire que des figures grauées simplement, l'on les estime dauantage, mais c'est aussi parce qu'il s'y fait vne representation plus naïfue de ce que l'on desire. Toutefois les figures grauées ont tousiours esté en regne, d'autant que lors qu'il est besoin de trauailler auec de certaines pierres precieuses, l'on n'en peut pas tailler des statuës à cause de leur petitesse & de leur dureté, & l'on craint de les gaster, & puis l'on a plutost fait d'y grauer ce que l'on veut. Il est vray que les ceremonies que l'on y obserue font croire que cela n'est pas moins puissant. Au reste cela semble fort commode pour les porter tousiours, les faisant enchasser en des anneaux. Les autres peuuent estre portées au bras ou au col ou quelque autre part sur soy, & quant aux statues qui sont fort grandes, soit de pierre ou de metal, elles sont mises en des lieux choisis selon l'effet que l'on en desire, & l'on appelle tout cela du nom de *Talisman*, mot Arabe que l'on dit estre deriué d'vn autre mot Chaldeen assez approchant, lequel signifie *Image*, sur quoy ie ne feray point d'autre recherche, n'ayant pas entrepris de disputer icy des mots, mais de la verité des choses.

L'on peut bien esperer quelque effet des figures grauées sur vne pierre platte, ou sur vn metal, puis que mesme on fait de simples lames sur lesquelles il y a seulement quelques caracteres grauez, & l'on les croit estre propres à ce que l'ō desire, pourueu qu'elles soient faites exactement sous la constellation necessaire. L'on fait aussi des anneaux sur lesquels on graue des caracteres qui répondent aux Astres dont on implore le secours, & par ce moyen l'on pretend encore d'effectuer ses desirs. Les sculptures Talismaniques sont neantmoins estimées plus certaines, & l'on en parle dauantage.

Il y a des liures qui declarent en particulier comment elles doiuent estre faites sous chaque constellation, mais l'on en peut encore inuenter quantité d'autres, les apropriant à l'effect que l'on desire, cōme si l'on fait la figure de deux personnes qui se touchent dās la main pour prouoquer l'affection & la fidelité, & si au contraire l'on fait qu'ils s'entrebattét pour les exciter à s'entretuer, ou tout au moins à s'entrehayr & se quereller; car l'on en fait pour le mal de mesme que pour le bien, & pour l'vn & pour l'autre l'on choisit aussi vn temps qui soit propre, & vne matiere conuenable, & l'on croit operer encore dauátage, si connoissant sous quelle horoscope vn homme est né, l'on préd garde que les figures que l'on fabrique pour luy, soient faites à vne heure que les autres Astres s'accordent aux siens, & tout de mesme si trauaillant pour quelque païs l'on considere à quelle Planete ou quels signes il est sujet.

Des propositions que l'on fait touchant les Talismans ou Figures Constellées que l'on dit pouuoir exciter à l'amour ou à la haine, à la ioye ou à la tristesse, empescher les voleurs d'entrer dans vne maison, & rendre vn combattant victorieux, auec les reparties que l'on donne à cela.

SECT. III.

Ceux qui escriuent de ces Talismans en promettent des merueilles. Leurs raisons sont qu'il ne faut point douter que tout ce qui est icy bas ne depende des corps celestes, & que quand quelque chose est produite c'est à la ressemblance de la constellation qui se treuue alors la plus forte; Que pre-

mierement l'air inferieur suit la nature des Astres, estât pluuieux sous les Astres humides, & fort sec sous ceux qui sont secs; Que les plantes qui naissent participent à leur humidité ou à leur seicheresse, ou à leurs degrez de chaleur, & de mesme les animaux ; qu'auec ces premieres qualitez qu'ils influent ils disposent à l'amour & à la haine, & donnent des inclinations vertueuses ou vitieuses; Que si l'on prend aussi vn metal ou vne pierre, ou quelque autre matiere qui leur côuienne, & que l'on y graue vne figure propre, ils y verseront les mesmes influences ; & qu'apres cette pierre ou metal pourront communiquer cela à d'autres corps, & que ceux qui les porteront d'ordinaire seront sujets aux mesmes accidens que s'ils estoient nez sous vne pareille constellation , & que leurs
desseins

desseins auront tousiours vn mesme effect, que s'ils estoient encore à cette mesme heure fauorable.

Il y a beaucoup de choses à respondre contre ces propositions. Premierement en ce qui est des statuës que l'ō s'imagine pouuoir parler, & d'autres encore que l'on pretend de voir remuer, sans qu'il y ayt autre artifice que la sculpture, c'est vne resuerie des Anciens Idolâtres; & ceux qui l'ont mise en auant, ont peut-estre souhaitté pour l'accomplir, vne certaine rencontre d'Estoilles qui ne sçauroit arriuer en dix mille ans, afin que les esprits foibles les croyét sans en voir les effects. Quant aux Images ou aux figures grauées que l'on pretéd rendre capables de mettre de l'affection ou de la hayne entre les personnes; de faire rire & chanter, ou pleurer tous ceux qui entreront au

B

lieu où elles seront mises, d'empescher que les voleurs n'entrent iamais dans vne maison, & de rendre vn homme victorieux à la guerre, quelques vns les ont desia condamnées pour se resserrer dans vne Philosophie plus seuere. Ils disent que les Astres mesmes ne forcent point les volontez, & par consequent que ces figures fabriquées à leur ressemblance ne le sçauroient faire; que l'ō ne sçauroit faire aimer ny hayr quelques hommes, s'ils n'ont en eux les vrays principes d'amour ou de hayne; Que si l'on est ioyeux lors que l'on entre dans vne maisō, il n'est pas possible que l'on y deuienne triste sans cause, ny que l'ō y deuienne soudain ioyeux, lors que l'on est triste: Que pour empescher les larrons d'executer leur larcin, cela n'est pas possible, d'autant qu'vne petite figure mise dessus, ou dessous, ou derriere vne porte, n'est pas vne forte barriere qui les empesche d'entrer ; & pour ce qui est de rendre victorieux à la guerre, qu'il n'y a pas d'aparéce aussi qu'vne figure donne à vn hóme coüard & foible qui la porte vne generosité & vne force extraordinaire, & qu'elle oste aux plus braues des ennemis leur valeur accoustumée pour se laisser terrasser honteusemét, & que mesme toute vne multitude ne puisse rien faire contre vn seul homme.

En ce qui est des figures d'amour ou de hayne, ceux qui les soustiénét respondent qu'ils ne pretendent pas que les Astres ayent vn pouuoir absolu sur l'ame de l'homme, qui estant spirituelle & immortelle est libre dans ses fonctions, mais que s'ils ne la contraignent pas, ils luy donnent au moins des inclina-

B ij

tions qui bien que foibles au commencement, se fortifient par l'habitude, & que la volonté se laisse emporter aprés; Qu'il y a des occasions ou l'eslection ne se fait point, & la volonté n'est point consultée, de sorte que l'on ayme ou l'on hayt sans sçauoir pourquoy, & mesmes il semble que l'on voudroit bien quelquefois aymer ceux que l'on hayt, mais l'on ne le peut, quoy que l'on sçache que l'on y est obligé par le droit de parenté, par quelque merite de la personne, & par quelque bienfait receu, & que le sujet de cette passion n'est que pour la contrarieté de l'Influence des Astres; Que l'on peut estre encore excité à la ioye ou à la tristesse en entrant dans vn logis sans sçauoir pourquoy, & qu'il nous arriue ainsi tous les iours quátité de mouuemens contraires, sans en sçauoir la cause, tellement que la volonté n'y est point forcée, puis que cela se fait mesme sans que nous y songions; Qu'en ce qui est des voleurs ils ne trouuent aucune resistance sensible en la maison, mais ils ont en leur esprit vn certain mouuement qui leur fait differer d'y entrer, ou qui les meine ailleurs; Que la figure qu'vn homme de guerre porte, luy peut aussi eschauffer le sang & le courage, iusqu'à terrasser ses ennemis, ou se tirer de leurs mains, s'ils sont vn trop grand nombre.

Ie replique à tout cela que si l'inclinatió entraisne la volonté, c'est tousiours la violenter, & contreuenir au libre arbitre de l'homme. Or nous sçauons que le priuilege du choix ne nous sçauroit estre osté par les Astres; Qu'ils ne nous forcent point à aymer ou à hayr par de secrettes Influences, & que si l'on cherchoit bien l'on trouueroit qu'il n'y a inclination si precipitée qui ne tire son origine de son vray objet; Qu'en ce qui est des mouuemens qui portent à la ioye ou à la tristesse entrant dans vne maison, c'est pource que l'ó la treuue agreable ou desplaisante, & que bien souuent telle qu'elle soit, elle nous lairra en l'humeur que nous y auons apportee; Que les Astres n'ayans aussi autre faculté que de rendre plus humide ou plus sec, & changer les degrez de chaleur, il n'est point à propos de leur attribuer la puissáce d'exciter les vns aux larcins & d'en retirer les autres; Qu'vn certain temperament peut bien rendre les hommes lasches, & faire qu'ils se plaisent à viure du labeur des autres, ce qui les porte quelquefois aux rapines & aux larcins signalez ; Mais bien que les Astres cooperent à leur donner cette humeur à l'heure de leur naissance, si est-ce qu'il y a beaucoup d'accidents qui destournent cela, & leur font suiure vn autre chemin que celuy que leur promettoit leur horoscope ; mais quand ils s'y accorderoient & que leur temperament porteroit leur ame à la lascheté, il faudroit qu'ils en prissent vne habitude pour delà s'accoustumer à viure de larcins, ce qui nuit de toutes parts à l'effect des figures grauées que l'on pretéd imiter les Astres: car si les Astres ne forcent point la volóté des hommes, & s'il leur faut du temps pour porter leur inclination au bien ou au mal, comment est-ce que la figure arrestera tout d'vn coup la volonté du larron, qui a déja planté l'eschelle pour aller pil-

B iiij

ler vn logis? Dailleurs si l'ascendāt de ce larron l'a porté de tout téps à suiure ce train de vie, la puissáce du Talisman sera-t'elle plus forte contre luy que sa propre constellation? Celle-cy s'est fortifiée par vne habitude reïterée, & l'autre opereroit en vn moment. Cela n'a aucune apparence. De dire que le vol est empesché par d'autres personnes qui suruiennent, quelle puissance auroient les figures sur des gens fort esloignez pour les faire venir là à point nommé? Pour ce qui est de surmonter ses ennemys, il s'y treuue encore la mesme difficulté; car il faudroit que les figures que l'on porteroit eussent vn soudain effet malgré la cóstellatió des personnes contre qui l'on combattroit. A l'exemple de cecy l'on peut remarquer l'abus de plusieurs figures faites pour diuerses occasions, comme pour se rendre fauory des Rois, se faire respecter du peuple, faire tourner l'entreprise d'vne affaire où de quelque commerce de telle sorte que l'on y puisse gagner, & pour d'autres prosperitez que l'on souhaitte. Pour ce qui est de se faire aymer & respecter, il n'y a pas d'aparence que les figures le puissent faire, si les Astres mesmes ne le font point. Dailleurs si vne personne est difforme & desagreable, il seroit besoin qu'il se trouuast du changement en son visage ou en son humeur afin de se faire estimer; ou bié il faudroit esblouyr les yeux & tromper les esprits des autres personnes, mais il n'y a point de Talisman qui fasse cecy encore. Quant à la facilité des entreprises & à l'acquisition des richesses, il ne seroit pas seulement necessaire de s'y rendre propre, mais aussi de destourner tous les empeschemens qui y suruiendroient, & de commander aux choses fortuites & à celles qui arriuent selon l'ordre du Monde. Comment se pourroit-il faire que ces figures eussent tant d'actions diuerses, & surmontassent les Influences particulieres des hommes, celles des nations, des villes, & des maisons, & de la chose mesme dõt ils se voudroient seruir à quelque effet, soit arme, monnoye, marchandise, pierre, metal, plante ou beste. Il n'y a pas moyen de soustenir de telles operations, si l'on ne monstre qu'à toute heure les choses d'icy bas peuuent receuoir de nouuelles Influences, soit des Astres ou des figures qui participent à leur pouuoir, mais cela destruiroit la doctrine de l'horoscope qui fait croire que les hommes sont principalement asseruis à ce qui leur a esté ordonné dés leur premiere heure, & que les bestes & les plantes sont dans vne sujettion pareille dés l'instant de leur production, & les Royaumes & les villes, dés l'instant de leur fondation. Si l'on tient que cela puisse estre changé, c'est renuerser toute l'Astrologie, & cependant l'inuention des Figures en tire tous ses fondemens. La fille voudroit-elle donc ruiner la Mere. Elles ne peuuent subsister toutes deux dans ces contrarietez.

Des raisons les plus fortes qui combat-
tent les Talismans, & de leurs plus
subtiles deffenses ; Que ceux que
l'on fait pour soy sont inutiles, en-
core qu'ils ne contraignent pas la
volonté ; Que ceux que l'on pretend
estre tres-naturels, comme de chas-
ser les bestes, destourner les orages,
& guerir les maladies ne sçauroient
aussi auoir aucune puissance.

SECT. IV.

CE ne sont pas les seules raisons dont l'on abat le credit
de ces Figures Constellées ou Sculptures Talismaniques, mais il n'e-
stoit pas besoin d'en dire dauantage contre celles que l'on pretend
auoir du pouuoir sur la volonté.

C'estoit assez de les condamner par là. Ie reserue les plus forts argumés contre celles qui n'ayans pas de si hautes promesses, en ont acquis plus d'authorité enuers les esprits credules.

Ie ne sçay si l'on mettra de ce nóbre celles que l'on fait seulement pour se procurer quelque bien à soy mesme. L'on les peut deffendre subtilement, pource que tant s'en faut que l'on entreprenne par elles de forcer la volonté, qu'au contraire c'est à dessein qu'elles la suiuent, & qu'elles produisent des effets cóformes à nos intentions. I'auoüe bien cela, mais pour desirer vne chose l'ó ne l'obtient pas toujours, & si la volonté n'y repugne point, les habitudes de l'ame & du corps y peuuent contrarier. Vous faites des figures à dessein de vous rendre sçauát & eloquent, & de vous faire viure longuement; Voſtre volonté y conſent, mais la ſtupidité de voſtre eſprit & la foibleſſe de vos principaux membres reſiſtent à cela. Quel pouuoir ont les Taliſmans, pour vous faire autre que vous n'eſtes? Il vous faudroit repaiſtrir & vous faire renaiſtre. Les figures ne peuuent faire ce que les Aſtres meſmes ne feroient pas. Si dés voſtre naiſſance ils vous ont porté à l'ignorance & aux infirmitez, deſtruiront-ils ce qu'ils ont ordonné? Cela n'a aucune aparence, & cette côtrarieté ſe trouue autant au bien que nous deſirons pour nous, qu'au mal que nous voudrions procurer aux autres. Il ne faut point ſe flatter ſur ce que noſtre volonté s'accorde au bien que nous demádons, au lieu que la vólóté des autres fuit le mal que nous taſchons de leur faire ; Ce n'eſt pas de là ſeulement que depend l'effect. C'est de la vertu d'vne Influence nouuelle que l'on veut opposer à la premiere; Or cette derniere ne peut pas estre plus puissante que l'autre qui s'est fortifiée par le temps, & puis si l'on admet les Influences, il faut croire qu'elles ne peuuent cesser de regarder leur objet, autrement elles ne seroient pas influences. Les figures que l'on fait volontairement pour soy ont donc en cela le mesme inconuenient que celles que l'on fait pour forcer la voloté d'autruy, mais il est vray que celles que l'ó fait cótre les autres ont encore cela de plus empeschant. Si l'on veut l'on n'employera contre elles que ce que i'ay desia dit. Les autres raisons que i'ay à dire sont neantmoins contre toute sorte de figures, mais pource qu'elles sont prises specialement de la nature de la chose dont il s'agit, elles sont reseruées contre celles dont l'on iuge l'effect plus naturel.

L'on ne fait pas beaucoup de difficulté d'auoüer que les Astres ont du pouuoir sur toutes les choses corporelles, & de là l'on pretend que leurs Images en doiuent auoir aussi ; qu'elles peuuent empescher que la pluye, la gresle, ou le foudre ne tombent en quelque lieu ; qu'elles seruent à la conseruation des fruicts ; qu'elles peuuent garder les troupeaux de bestail de tout peril, chasser les animaux nuisibles de quelque endroit, & remedier à quantité de maladies qui arriuent au corps humain.

L'on pense auoir treuué en cela vn secret naturel & faisable. L'on ne s'imagine pas que les priuileges de quelque haute faculté y soient interressez comme ceux de la volonté

lonté de l'homme. Bien que l'on promette de commander par là à des animaux irraisonnables, les faisant aller ou l'on voudra, & les gardant d'approcher de quelque lieu, il n'est besoin que d'agir en cela sur leur appetit qui est entierement attaché à la matiere, & peut receuoir de l'alteration par elle. Quelques vns tiennent donc que l'on peut croire sans offence, que les Astres estans les Souuerains Corps du Móde, gouuernét tous les autres Corps Inferieurs, & que l'ame des bestes qui depend de la matiere corporelle, en peut receuoir les impressions comme tous les autres Corps, & que si l'on sçayt l'art de faire des Images qui reçoiuent l'Influence des Astres, elles auront les mesmes effets. Mais quand nous accorderons que les Astres peuuent diuersifier les Meteores, nuire ou profiter aux fruicts, retarder ou auancer la guerisõ des maladies, & gouuerner l'appetit des Bestes, le mesme pouuoir doit-il estre attribué aux figures que l'on fait sous leur ascendant? Ce n'est pas la matiere dont on les fait qui agit; Si cela estoit, il ne faudroit que s'en seruir sans autre obseruation. De dire aussi que ce soit la figure que l'on y taille ou que l'on y graue, quelle nouuelle puissance apporte-t'elle à la matiere qui demeure tousiours semblable? Ceux qui soustiennent cette opinion, alleguent que la diuerse figure rend les corps plus propres pour agir en de certaines actions; Qu'vn morceau de fer reduit en boule va au fonds de l'eau, mais que s'il est large & fort deslié il n'enfoncera pas. C'est vne erreur de croire que le fer ou autre metal reduit en fueille, nage à cause de sa

DES TALISMANS.

figure; que l'on en fasse vne masse ronde, triangulaire, quarrée, ou cornuë par diuerses irregularitez, il enfoncera egalement, & que ses fueilles soient coupées en triangle, en quarré, en pentagone & en hexagone, elles nageront tousiours. Cela vient aussi de la quantité, & non pas de la figure, & cette quantité ne doit pas estre cósiderée en la largeur de la fueille; car la quantité de la fueille estenduë est pareille à celle de la masse. L'ó la préd de l'espaisseur qui est si petite que l'eau qui est dessous se trouuât plus lourde est capable de la soustenir. quelque largeur qu'ayt la fueille cela n'empesche pas qu'elle ne soit supportée, car chaque partie n'est quasi qu'vn atome, & ces parties n'estans point l'vne sur l'autre, mais estenduës dans leur liaison, elles trouuent tousiours leur soustien, &

C ij

soit qu'elles finissent en rondeur ou en pointe, ce sont tousiours de tres-petites portions de metal, qui encore qu'elles soient capables de faire vne masse assez lourde estans rassemblées en globe, ne sont pas si pesantes estans vnies en largeur, à cause que chaque partie est toute seule à presser l'eau; Et en ce cas là quand il y auroit vne fueille de metal aussi large que la Mer, elle s'y pourroit soustenir quelque figure qu'elle eust en ses bornes, puis que ce sont seulement des parties adioustées ou retranchées; & si l'on auoit coupé cette fueille en autant de pieces qu'elle a d'atomes, elle ne seroit pas plus aisée à supporter, à cause que les atomes n'estans collez qu'en largeur, n'en sont pas plus lourds. Ie pense que cela est assez clair pour faire connoistre la fausse subtilité de ceux qui deffendent le pouuoir des figures. Mais ie leur diray encore que s'ils mesprisent les limites de la fueille, comme l'on les doit mespriser, ils croyent donc que c'est la figure platte qui la fait nager, mais si cela estoit elle pourroit encore nager lors qu'elle seroit fort espaisse, ce qu'elle ne fait pas, d'autant que la quátité y repugne. Vne planche de bois qui seroit encore plus espaisse, nageroit facilement, pource que le bois n'est pas si massif, & non point à cause de sa figure platte: car iettez vne boule de bois dedans l'eau, elle nagera de mesme que la planche, tellement que l'on connoist que ce n'est pas la figure qui opere en plusieurs actions corporelles.

L'on rapporte l'exemple d'vn clou qui entre dans le bois fort facilement à cause de sa pointe. En cecy il faut auoüer que sa figure

tert, mais c'est parce qu'elle est ioin-
te à sa massiueté & dureté, autrement si la seule figure pointue estoit capable de se faire ouuerture, il faudroit qu'vn petit morceau de cire allongé en pointe, eust le mesme effect. Icy les aduersaires croyás auoir gagné, disent que leur figure opere aussi auec sa matiere comme estans fort propres chacun de leur part à l'effet que l'on en recherche.

Ils adioustent vne autre comparaison de la pierre ou du bois, qui estans massifs ne sçauroient tenir l'eau & y sont rendus propres en les creusant. L'on cónoist à cela qu'ils s'imaginent que leurs figures reçoiuent l'Influence des Astres dedans leurs graueures, ce qu'ils confirment par l'exemple de ces miroirs bous qui reçoiuent mieux la chaleur du Soleil que les plains, iusques à brusler ce qui leur est exposé;

Des Talismans. 39

Et des diuerses parties de la terre qui sont plus ou moins eschauffées, selon qu'elles sont plattes ou montagneuses, en quoy il faut remarquer encore qu'ils croyent que si l'ō pretendoit faire des Talismans par des figures qui fussent seulement peintes, l'on trauailleroit vainement. Si cela est, dautant plus que leurs sculptures seront grandes & leurs graueures seront profondes, dautant plus auront elles de force. Mais ils ne font point mention de cette particularité, & témoignent que s'il n'y a que la figure qui soit requise, il n'importe de quelle grandeur elle soit. Ils deffendront cela en ce qu'ils croyent que les Influences estans tres-subtiles n'agissent pas à la maniere des choses grossieres, & qu'il ne leur est pas besoin de beaucoup d'espace pour estre receües, comme s'il y en demeuroit plus grande quantité, d'autant plus que le lieu feroit capable de les contenir ; Que leur effect est efgal fur vn corps grand ou petit, pour- ueu qu'il foit bien difpofé. Mais quel auantage tirent-ils de la graueure? Ils difent que comme la figure d'vn lyon est autre que celle d'vn homme, auffi l'Influence qui est receuë dans chacune est diffemblable. Ils appliquent icy la fimilitude des miroirs & des boffes de la terre qui reçoiuent la chaleur du Soleil diuerfement; mais quelle diuerfité de chaleur y aura-t'il en vne petite figure de la grádeur d'vn tefton ? Que s'ils difent que la diuerfité n'est que dans l'Influence, pourquoy vfent-ils donc de ces fimilitudes ? Dailleurs la chaleur du Soleil est toufiours chaleur, & ce font les lieux qu'elle touche qui la reçoiuét auec difference ; Veulent-ils dire

que les Influences soient aussi tousiours semblables, & qu'il n'y ayt
que les figures qui les diuersifient?
Ils le peuuent peser ainsi, puis qu'ils
raportent l'exemple du cachet qui
selon la figure que l'on y a grauée,
marque diuersement la cire. Mais
quelques vns arrageront cela auec
plus d'ordre, disant que le cachet
qui imprime la cire selon sa figure,
doit estre comparé au Talisman
qui agit diuersement sur les choses
qui luy sont sujettes, selon l'Image
que l'on y a grauée. Qu'au reste cette Image n'est point ce qui change l'Influence des Astres, mais qu'il
faloit qu'elle fût telle pour s'y acó-
moder. Il est bien difficile à croire
pourtát que cinq ou six petits coups
de burin qui changeront la figure
d'vn chat en celle d'vn lyon, & la
figure d'vn homme en celle d'vne
femme, soient cause que le metal

où cela est graué, soit propre à receuoir quelques Influences plutost que d'autres. Où sont les preuues qui móstrent que cela se doiue faire? Si l'on n'en apporte point, ie ne suis pas obligé à fournir de deffenses. Mais ce n'est pas icy que ie veux examiner particulierement la puissance que l'on attribue aux Astres: Il la faut conceder en quelque sorte, & monstrer que quand elle seroit ce que l'on dit, elle ne se pourroit pas communique aux metaux & aux pierres par vne simple graueure.

Toutefois ceux qui soustiennent les Talismans ne manquent point d'asseurance. Si l'on leur objecte que l'ouurier qui graue la figure est quelquefois enfermé dans vne chābre, & que mesmes quand il seroit à descouuert, le Ciel est souuent couuert de nuages, & les Astres dont

DES TALISMANS. 43

l'on implore la faueur, sont si éloignez qu'il n'est pas à croire qu'ils iettent leurs rayons iusques sur luy & sur son ouurage; ils répondront que de verité la chaleur & la lumiere ne viendront pas alors iusques là, mais que l'Influence est vne faculté qui se communique plus loin, & qui franchit tous obstacles, pour se ioindre aux choses qui ont de la correspondance auec elle; Qu'il y a beaucoup de choses qui agissent ainsi par simpathie l'vne enuers l'autre malgré la distance; Que si l'on applique vn certain vnguent sympathique sur vn cousteau qui a fait vne playe au corps d'vn homme, ou sur sa chemise ensanglantée, il s'en trouue guery; Que les vins se troublent dans les caues, lors que les vignes sont en fleur; Que deux aiguilles estans touchées d'vn mesme Aymant, l'vne se remuë à l'egal de l'autre, & que la pierre d'aymant attire le fer & le fait remuer au trauers d'vne table. Mais la guerison des playes par l'vnguent sympathique n'est pas fort aueree, l'agitation du vin se fait à cause du changement de temps, le mouuement des deux aiguilles est fort soupçonneux, & quant à la pierre d'Aymant, bien qu'elle ayt cette faculté naturelle d'attirer le fer ce n'est que dans vne fort petite distance. Ils repartiront, que les Astres ont bié aussi vne autre vertu, & que quand l'on auroit refuté tous les exemples qu'ils en auroiét cherché icy bas, cela ne feroit rien contre eux, de sorte que leur opiniastreté ne peut estre conuaincuë sur ce poinct.

Il ne faut plus s'estonner apres comment ils croyent que la pierre ou le metal, ayans receu vne certaine figure sous des Astres conuenables ont des operations extraordinaires, quoy qu'auparauant ils ne fiſſent rien de pareil. Icy les comparaiſons leur ſont bien plus auantageuſes. Ils diſent que l'on trouue ainſi pluſieurs choſes qui n'agiſſent point ſi elles ne ſont excitées; Que pour faire que certaines herbes rendent de l'odeur, il les faut eſcraſer entre les doigts; Que l'Ambre n'attire point les feſtus s'il n'eſt frotté; Que la chaux ne monſtre point ſa chaleur ſi elle n'eſt moüillée, & le caillou ne produit point de feu s'il n'eſt battu; & qu'auant que les hómes euſſent apris l'vſage de toutes ces choſes, ils en pouuoient ignorer l'effect, ne le deuïnans point à les conſiderer ſeulement. Il leur faut auoüer cela, mais l'on leur peut dire auſſi, que ces choſes ont en elles le principe naturel de ce qu'elles font, lequel demande ſeulement d'estre vn peu aydé par l'exterieur, & que l'on ne croit pas qu'il en soit de mesme de la pierre ou du metal. Ils repliqueront que pour guerir de certaines maladies l'on prend des pierres qui y sont desia propres d'elles mesmes, & que la figure que l'on y graue sous certaine constellation, les y rend encore meilleures, & que le Bezohar qui a la force de chasser les venins est rendu souuerain côtre celuy du Scorpion, si on y graue la figure de cette beste, sous l'ascendant du Scorpion celeste. Ils nous veulent persuader cela, mais si cette Pierre guerit, ce n'est que par sa propre vertu. Dailleurs l'on se sert de quantité d'autres pierres, & metaux qui n'ont aucun pouuoir en eux touchant ce que l'on desire: car où en treuue-t'on qui puissent empescher la pluye & la gresle, & garder les moutons du loup? Mais, ce difent-ils, la graueure leur donne cela : Comment cela fe fait-il fi la matiere ny la figure n'ont point vn tel pouuoir ? Eft-ce qu'elles ont chacun quelque chofe de manque qui eft repare par leur affemblage, dont il fe fait vne harmonie tres-puiffante ? C'eft icy leur penfée que nous n'approuuós pas neantmoins, car il eft malaifé que de deux chofes imparfaites accouplées, il forte tant de perfectió : mais ils n'auoüeront pas auffi que ce foient des chofes imparfaites qu'ils employent, furquoy il les faut examiner.

Que la matiere dont l'on fait les Talismans y est inutile, & que chaque metal & chaque pierre ne sont point suiets particulierement à quelque Planette.

Sect. V.

CEux qui souftiennét la puissance des Talismans nous diront qu'ils n'en font aucun dont la matiere & la figure ne soiét fort propres à ce qu'ils esperent; Que s'il y a des pierres & des metaux que l'on connoist defia estre vtiles à la guerison de quelques maladies, il y en a d'autres dont la vertu n'est pas moindre pour estre secrette. Si l'on leur demande comment ils la connoissent, ils respondront qu'ils
ne

ne sçauroient estre trompez à cela; que l'on sçayt quels sont les metaux, les pierres, les plantes & les animaux qui sont sujets à chaque Astre, & que de là l'on infere qu'ils doiuent auoir telles & telles proprietez; Que pour les figures l'on sçayt pareillement celles auec qui les Astres ont quelque correspondance, & qui expriment l'effect que l'on desire. O foibles Esprits qui adioustez foy à ces choses pensez-vous qu'il soit vray que telle & telle matiere soit assuiettie à vne telle Estoille, selon que des hommes supersticieux l'ont arresté? Ne voyez vous pas qu'ils ont rangé chaque pierre & chaque metal sous quelque degré, pour accommoder leurs harmonies imaginaires? Il n'y a que le Soleil qui ayt vne vraye action sur les corps, & mesmes il y en a qui sont cachez si auant dans

D

leurs mines, que leur cuisson vient de la chaleur interieure de la terre plutost que de luy. Cherchons la verité de cecy: Pourquoy dit-on, que l'argent depend de la Lune, l'argent vif de Mercure, le cuiure de Venus, le fer de Mars, l'estain de Iupiter, le plomb de Saturne, & l'or seulemét du Soleil? L'on auouë bien que le Soleil sert à faire meurir tous ces metaux, mais que c'est selon qu'il se ioint aux autres Planettes, faisant vne autre Influence par leur cóionction. Ils ne croistroient donc que dás l'instant qu'vne telle cóstellatió se feroit, ce qui passeroit bref, au lieu que tous les corps du monde qui prennent quelque accroissement, ne le font point par reprises, mais s'y portent par vn mouuement continuel & insensible. D'autres diront que c'est que les Planettes president incessamment chacune à leur metal, mais comment cela se fait-il ? Les Astres ne communiquent leurs facultez qu'aux corps qu'ils regardent ; Il en faudroit establir quelques vns au Ciel qui fussent esleuez sur les lieux où se trouue le metal qui leur est attribué, & qui n'en partissent iamais, & par ce moyen il y auroit plus grande apparence de croire qu'ils seroient cause de telles productions ; mais les Planettes qui sont des Estoilles errantes n'ont point de lieu affecté. De vray il y a des endroits destinez pour chaque metal, mais cela procede des diuerses qualitez de la terre, & en quelques lieux cela vient aussi du sejour que le Soleil fait plus ou moins sur chaque contrée ; mais quand la varieté de l'Influence procederoit de quelque aspect qu'il auroit auec les autres Planettes, pourquoy attribuera-t'on plutoſt vn metal aux vnes qu'aux autres? Les Aſtronomes ſe reglent ſur leur couleur. Ils donnent l'or au Soleil, parce, diſent-ils, que l'or eſt iaune côme luy. Croyét-ils que le Soleil ſoit iaune? Il eſt extrememét blác. S'il eſtoit iaune tout ce qu'il eſclaireroit paroiſtroit iaunaſtre, & ſa lumiere ne ſeroit pas comme elle eſt, vn eſclat ſans couleur, qui fait voir toutes les autres couleurs. Il eſt vray que l'on dira qu'en eſchauffant de certains corps il les fait iaunir, & que l'or qui eſt iaune monſtre ſa parfaite cuiſſon. Nous auoüons cela, car il eſt certain que ce metal tient ſa perfectió de ce grand Aſtre ou de quelque feu qui en dépend. Mais pour l'argent bien qu'il ſoit blanc, pourquoy dependra-t'il de la Lune? Tous les corps qui reçoiuent le grád éclat de la lumiere & le refleſchiſſent, paroiſſent blancs, quoy qu'ils soient d'vne autre couleur, ce qui se voit aux murailles & aux tuilles des maisons; Aussi la Lune n'est pas blanche, lors qu'elle n'est point éclairée elle paroist noire, & quand ce seroit pour sa blancheur vraye ou apparente, que l'argent dépédroit d'elle, il deuroit aussi bien dépendre de l'Estoille de Mercure & de celle de Venus, & de celle de Iupiter, dautát qu'elles ont toutes de la blancheur, & mémes il est croyable qu'elles empruntent aussi leur clarté du Soleil. Or si leur vraye couleur est sóbre, & leur couleur aparéte est la blácheur, pourquoy attribuera-t'on le cuiure à Venus? Pour ce qui est de Iupiter, l'estain paroist blanc comme luy, mais ne merite-t'il pas de presider à l'argent aussi bien que la Lune, & pourquoy n'est-ce pas elle qui preside à l'estain? La Lune est vn Astre

D iij

qui domine sur la molesse & l'humidité; Iupiter, à ce que l'on dit, a quelque chose de plus fort & de plus sec; L'argent qui est plus parfait que l'estain luy couient mieux, & l'estain qui est plus mol & plus humide doit estre donné à la Lune. L'on luy deuroit aussi attribuer le vif argent plutost qu'à Mercure; Le vif argent a vne agitation prompte; Aussi n'y a-t'il point d'Astre qui ayt plutost fait son cours que la Lune. Le vif argent se diuise & se rassemble aysémét tirant tousiours sur la rondeur; Cette incóstance se rapporte à celle de la Lune qui préd diuerses faces, & est tantost grand tãtost petite, gardãt tousiours neátmoins quelques portions de son cercle. En ce qui est de Saturne qui est d'vn blanc obscur, ce n'est qu'à cause de son eloignement; Et pource qu'il n'a pas moins de blancheur que quelques autres, il pourroit participer à leurs attributions. La Lune ayant aussi presque autant de taches obscures qu'elle a de places blanches, pourroit encore estre prise pour presider au plomb autát qu'à l'argent. L'on croit que Mars preside au fer à cause de sa rougeur, mais pourquoy ne luy a-t'on pas plutost attribué le cuiure? Le fer n'est rouge que quand il est chaud. Dira-t'on que sortant de la mine, c'est comme vne terre rougeastre, & que tous les autres metaux ont ainsi diuerses couleurs, auant que d'estre purifiez de leurs meslanges. C'est vne foible coniecture de s'arrester là dessus pour leur attribuer à chacun leur Astre. Outre leurs couleurs l'on peut encore chercher leurs odeurs & leurs saueurs, & quelques autres qualitez, mais elles sont fort cachées, & quand elles seroient euidentes il n'y a pas plus de raison de les attribuer à vn Astre qu'à l'autre. Dailleurs pour accorder le nombre des metaux à celuy des Planettes, l'on a mis en leur rang le vif argent, que plusieurs ne tiennent pas pour vn metal distinct, mais pour vne matiere capable d'estre transformee aux autres metaux. Quand l'on trouueroit mesmes qu'il est metal & qu'il y en a de sept sortes, faut-il croire qu'ils ont du rapport aux sept Planettes que l'on nomme ? Il y a encore d'autres Astres Errants ; l'on en remarque autour du Soleil, autour de Iupiter, & de Saturne; Ils deuroiét aussi auoir part à la domination. De dire que leur petitesse en empesche ; cela n'y fait rien. Les Astronomes donnent autant de pouuoir à Mercure qu'au Soleil, en ce qui dépend de sa charge, encore qu'il soit beaucoup plus petit à cõparaison de luy, que ces petits Astres ne le sont au prix de Saturne ou de Iupiter. Il est vray que l'on peut dire encore, que tous les pays du mõde ne sont pas descouuerts ny tous les cachots de la terre, & qu'il y a peut estre bien plus de sept sortes de metaux, ainsi qu'il y a pl⁹ de sept planettes, & que ces metaux inconnus sont sujetes aux Planettes connuës Cela n'est pas pourtant asseuré, car l'on ne sçayt si le nombre de ces metaux est égal à celui des Planetes, & si l'autre n'excede point. Quoy qu'il en soit, il n'y a rien qui nous puisse monstrer que tous ces ordres ayent vne regle certaine, & qu'encore qu'il n'y ayt que sept Planettes & sept metaux, les metaux doiuent dépendre des Planettes & en tenir leur production. Posé que cela soit c'est vne rencõtre de la Nature d'auoit fait ces choses en pareil nombre. S'il se trouuoit douze metaux l'on les attribueroit aux douzes Signes, & l'on se gesneroit l'imagination pour y trouuer du rapport. Que fera-t'on de plusieurs autres corps mixtes qui sont en moindre quátité. L'on en attribuera vn à deux ou trois Planettes, & de ceux qui sont dauátage comme des plantes & des animaux dót le nombre est fort grand, il y en aura plusieurs pour chacune. Cela ne s'accordera point, car à peine trouue-t'ó vn corps qui participe lui seul de la nature de deux Planettes differentes, & plusieurs autres qui encore que fort dissemblables doiuét estre assujettis à vne seule, outre que les raisons de leur subjection n'ont aucun fondement.

Les pierres precieuses sót attribuees aux Planettes auec aussi peu de su-

DES TALISMANS. 59
jet que les métaux. La Lune preside au criſtal, Mercure à l'agathe, Venus à l'Eſmeraude, le Soleil à l'Eſcarboucle, Mars au Diamant, Iupiter au Saphir, & Saturne à la Cornaline. Peur-eſtre y a-t'il encore en quelques vnes quelque rencontre de couleur ainſi qu'aux metaux, mais cette conſideration n'eſt pas moins vaine. L'on attribue auſſi aux pierres diuerſes facultez, leſquelles l'on croit dépendre de l'Influence des Planettes, comme aux vnes de preſeruer des venins, de porter bon-heur partout, d'eſtre vn indice de la maladie de ceux qui les portent par vn teint gay ou blaffard, mais l'eſpreuue n'en fait rien connoiſtre, & quant aux Planettes, ce ne ſont point elles qui leur donnent leurs diuerſes proprietez, ſoit qu'elles ſoient moindres, ou fort differentes de ce

que l'on dit. C'est le temperament de leur matiere selon qu'elle se treuue, & la diuerse action du Soleil & de la chaleur interne. La varieté du cours des Planettes & les diuers lieux où s'engendrent les pierres ne s'accordans point aussi ensemble, monstrent que si ces corps mixtes sont redeuables à quelqu'vn, c'est au supréme agent corporel. Il en est de mesme de tous, ainsi que nous auons reconnu en traittant de leur essence, de sorte que c'est en vain que l'on pense faire quelque grande operation, choisissant plutost les vns que les autres pour y grauer des figures sous l'ascendāt de quelques Planettes. Si l'on en veut ranger aussi sous chaque Signe du Zodiaque, ce sont encore des rapports qui n'ont pas plus de certitude.

De la vanité des figures que l'on attribue aux Planettes & à tous les Signes.

SECT. VI.

OR comme le choix des matieres est inutile pour fabriquer les Talismans, celuy des figures que l'on y taille l'est encore d'auantage. Qu'elle puissance peut auoir pour la Lune la figure d'vne femme ayant vn croissant sur la teste ; Pour Mercure vn homme ayant deux aisles aux talôs & deux autres sur son chappeau, ayant en main vne baguette entortillée de serpens ; Pour Venus vne femme nuë accompagnée d'vn enfant aislé portant l'arc & le carquois ; Pour le Soleil vn ieune homme tenant vne lyre, pour Mars vn soldat, & pour Iupiter vn homme couronné tenant le foudre, pour Saturne vn viellard tenant vne faulx? Ce sont des resueries qui ont esté fondees sur la religiõ des Payés, lesquels ont donné le nom de leurs Dieux principaux à chacun des Planettes. Cõme ils les ont fait de tel sexe & de tel age qu'ils ont voulu, leur donnant aussi des armes à leur fantaisie, la figure que l'on en fait ne sçauroit auoir aucune force. Ces representations sont bonnes dans des tableaux pour resiouyr la veuë, ou pour des statuës qui seruent d'ornement aux edifices; & pour leur plus grande vtilité l'on les employera aux deuises & aux emblemes, auec quelque sentence escrite au dessous ou quelques vers; Et si l'on les veut laisser muettes & sans aucunes lettres, elles pourront encore signifier myſtiquement les choſes que l'on leur attribue, parce que l'on eſt demeuré d'accord de cela du conſentement des Nations, ainſi que de la valeur de certains caracteres à qui le ſeul vſage donne de la force: mais qu'elles ayent du pouuoir ſur les choſes qu'elles ſignifient, c'eſt vne erreur auſſi groſsiere que l'on en puiſſe auoir.

Quant aux figures que l'on fait ſous chaque Signe, il n'y a pas plus d'apparence de leur atttribuer quelque faculté. Elles ont pourtant cecy de plus que ce ſont les meſmes figures que l'on attribue aux Signes dedans le Ciel. Mais quelque conuenance que l'on treuue dans l'ordre des Eſtoilles, ces Images n'y ſçauroient eſtre plitoſt repreſentées que d'autres fort differentes, & ſi celles qui ſont dans le Zodiaque portent ces noms, c'est pour signifier quelque chose qui arriue lors que le Soleil passe par chacune des douzes Maisons sous lesquelles se font les douze mois de l'année. Le Signe du Belier fut autrefois appellé ainsi (à ce que disent les Astrologues) pource qu'il heurtoit de ses cornes, les bornes de l'an nouueau. Vne clef eust esté plus à propos pour en ouurir les portes. D'ailleurs puis que l'année ne commence plus par le mois de Mars qui dépend du Belier, mais par le mois de Iauier, sur lequel preside le Verseur d'eau, l'Image de ce heurteur de bornes n'est plus necessaire dans le mois de Mars. Le Taureau est le Signe d'Auril, pource que la terre est propre alors à estre cultiuée, & qu'il est téps d'accoupler les bœufs à la charruë pour labourer. Cette figure est bonne pour representer cela, mais peut-estre que la charruë y eust aussi bien conuenu & se fust autant accommodée à la disposition des Estoilles.

Le Signe des Gemeaux preside au mois de May, à cause que le Soleil commençant de ietter ses plus forts rayons sur la terre, se ioint à elle pour luy seruir de mary, comme elle luy sert de femme, & pour faire produire quantité de fruicts. Cela monstre aussi en particulier que tous les corps qui luy sont sujets, tendent alors à se ioindre dont il arriue plusieurs generations. La modestie a fait representer dans ce Signe deux enfans qui se tiennent, au lieu que les Astrologues s'é imaginoient possible autre chose.

Le Signe de Iuin est appellé l'Escreuice à cause que le Soleil commence dans ce mois à retourner en arriere, ce que l'on a voulu figurer

E

par cet animal qui va à reculons.

Le Signe de Iuillet est le Lion, pource que le Soleil est alors roux & ardent comme vn Lyon, ce qui est encore representé assez mediocrement bien : Mais pour la Vierge qui regne en Aoust, à cause (dit-on) que la terre estant bruslée de l'ardeur du Soleil, commence à deuenir sterile, & ne plus produire, cela est tres-mal à propos. Celle qui a produit & qui cesse de produire, ne doit pas estre appellée Vierge, mais vieille femme, ou veufue si elle a perdu son mary. Au reste cela est hors de raison de dire que la terre cesse de produire au mois d'Aoust ; Elle ne conçoit plus à la verité, mais c'est alors que les fruicts qu'elle a nourris estans en leur perfection sont prests à estre cueillis, tellement que l'on pourroit encore mieux representer cette saison par vne femme groffe, ou mefme par vne femme qui accouche.

La Balance eft le Signe de Septembre, pource que le Soleil tient alors en contrepoids les iours & les nuicts, & les rend égaux.

Le Scorpion eft celuy d'Octobre, pource que l'air commence alors à fe refroidir & à piquer ainfi que les Scorpiós qui morfondans de leur traifnée venimeufe la terre où ils marchent, la font deuenir toute feiche comme vne perfonne empoifonnée.

Le Sagitaire ou Archer qui regne en Nouembre veut dire qu'alors la belle faifon, eft entierement abatuë à coups de flefches que le Ciel décoche, qui font les vents & les pluyes.

Le Capricorne ou Cheureuil eft le Signe de Decembre, dautant qu'ainfi qu'vn cheureüil faute & fe

E ij

dresse, ainsi le Soleil commence alors à se hausser de l'hemisphere inferieur au superieur.

Le Verseur d'Eau qui est pour Ianuier, c'est à cause qu'en ce temps là il tombe beaucoup d'eau du Ciel, soit en pluye, en nege ou en frimats.

Et pour les Poissons qui regnent en Feurier, l'on veut encore monstrer par eux la mesme chose, & que l'air est si couuert & si chargé d'eau en cette saison, que mesmes les animaux terrestres semblent estre aussi aquatiques que les poissons.

Voila pour quel sujet les Estoilles qui sont en chacune des douzes parties du Zodiaque, ont eu tels noms & telles figures, afin de representer ce qui arriue sous chaque maison du Soleil. Nous approuuós cela pour les distinguer l'vne d'auec l'autre, mais nous ne deuons point croire que de telles Images ayent quelque pouuoir en les grauant sur la pierre ou sur le metal. Nous voyós que quelques vnes mémes sont mal apropriées, comme le Belier & la Vierge, & les autres ne sont pas si bien, que l'on ne pust inuéter quelque chose de meilleur. Pourquoy ces Images auront-elles de la puissance, puis que l'on les a inuentées à plaisir, & que l'on en pouuoit trouuer quantité d'autres plus conformes à l'ordre des Estoilles? Dailleurs, combien les faiseurs de Talismans sont trompez à cela, si pour agir par la ressemblance lors qu'ils veulent operer sur quelque animal de la terre, ils font la figure de celuy qui est au Ciel sous la constellation que l'ó luy attribuë! Pour engraisser les bœufs & les vaches, ils feront la figure du Tau-

E iij

reau en Auril ; Pour se garentir des Lyons en passant par les deserts de Lybie, ils feront la figure du Lyon au mois de Iuillet ; Pour se guerir de la morsure du scorpió, ils feront la figure de cét animal sous la cóstellatió d'Octobre, & pour pescher quátité de poisson, ils graueront les Poissons au mois de Feurier. Ce sont là des erreurs qui nous sont maintenant assez faciles à connoistre. Ces Signes du Ciel ne portent pas ces noms pour auoir la figure de tels animaux, ny parce qu'ils y president, c'est pour representer mystiquement les effects du Soleil; Aussi n'est-ce qu'à luy seul que l'on doit rapporter tout ce qui arriue aux choses corporelles. Il les eschauffe ou refroidit, les viuifie ou amortit, les rend fecondes ou steriles, selon qu'il s'en éloigne. Que s'il opere diuersement, ce n'est point à cause qu'il se ioint aux Signes du Zodiaque : Ils ne seruent que de marques pour establir ses diuerses demeures. C'est pour ce sujet que l'ó leur a attribué des noms & des figures; mais bien que cela ne serue que de distinction, le vulgaire a crû que cela pouuoit auoir de l'efficace.

Il faut persister à n'en rien croire. Toutefois ceux qui en soustiennent le party disent que la figure de ces animaux n'est point indifferente, & qu'en effect ils iettent leurs Influences sur ceux de la terre, lors que le Soleil renforce leur puissance, ioignant ses rayons aux leurs; Que le Belier est fort alaigre & se porte bien sous son Signe, & le Taureau sous le sié; mais il y a d'autres temps où ils n'ont pas moins de santé, & ne faut pas croire que l'Escreuice, le Scorpion, le Cheureuil

& les Poiſſons, ſoient mis ſous des mois qui leur ſoient plus ſalutaires que les autres. Pour ce qui eſt du Lyon il ne ſe peut pas mieux porter en Iuillet qu'en vn autre mois; Au contraire l'exceſſiue ardeur qui augmente ſa chaleur naturelle, le fait alors entrer dans vne fievre exceſſiue. Si l'on n'auoit donné les noms aux mois que pour monſtrer ceux qui ſont propres à chaque animal, il euſt fallu les choiſir autrement. D'ailleurs ſi l'on n'euſt ſongé qu'à la ſanté des beſtes, il n'y euſt rien eu autre choſe dans le Zodiaque; mais voila les Gemeaux, la Vierge, la Balance, le Verſeur d'eau, qui n'en ſont point, & le Centaure Sagitaire, qui eſt auſsi à moitié homme. Ceuxcy en recópenſe, dira-t'on, ſont bien apropriez; mais nous voyons bien le contraire. Deux enfans Gemeaux monſtrent-ils clairement la production des choses? Ne commence-t'elle pas aussi dés auparauant leur mois? Au reste si nous suiuions icy la regle des autres figures, ce signe ne seruiroit que pour faire prosperer les personnes qui seroient nées gemelles, ce qui n'est pas l'intention de ceux qui fabriquent les Images. Le Signe de la Vierge ne deuroit aussi estre bon que pour les pucelles, le Verseur d'eau pour les echásons, la Balance, pour les marcháds qui vendent au poids, & possible pour les Balances mesmes, conseruát leur prosperité, & les gardant d'estre rompuës. Mais qu'auoit affaire vn corps artificiel & sans ame, parmy les corps viuáts. Toutefois quelques vns ont creu que tout cela estoit bien adapté, & que l'on s'en pouuoit seruir. C'est qu'il ne prenoiét pas garde que ces figures se deuoient entendre mystiquement. Les autres les ont bien tenuës pour mysterieuses, & neantmoins ils ont pensés s'en seruir à ce qu'elles designoiét ou à choses semblables, ne considerans pas que la pluspart ne sont pas appropriées fort iudicieusemét, & ne sont souffertes que pour auoir esté authorisées par l'vsage. Il y en a qui ne se cótentent pas de leur attribuer ce qu'elles peuuent signifier vulgairement, mais qui leur cherchent encore vn autre sens par vn rapport Analogique, enquoy les Sçauans se monstrent les plus soigneux, & les ignorans s'en éloignent si fort, que mesme selon les regles de leur Astronomie curieuse, les Astres dont ils cherchent du secours ne president point aux choses qu'ils veulent effectuer.

Quant aux figures que l'on fait sous chaque iour de la Lune, ou sous quelque iour de la semaine, ou sous quelque degré d'vn Signe, ce sont des imaginations qui ont moins de fondement que toutes les autres : car ce que l'on represente à chacun de ces iours, est marqué à fantaisie sans que cela represente aucune chose qui soit au Ciel ; & pour ce qui est des effects que l'on promet, ils sont arrangez fort bigearement & sans aucune raison vray semblable.

Apres tout c'est vne estrange resuerie de croire que les Signes du Ciel fassent arriuer toutes les choses que l'on desire d'eux, pource que l'on aura fait des figures sous leur constellation. Il faut donc qu'ils ayent du iugement pour connoistre quand vne figure est faite pour eux ou pour les autres, & qu'ils y regardent de bien prés pour discerner ce que l'on graue, & distinguer le Belier d'auec le Taureau, ou le Lyon ; Outre qu'il y a encore des Images qui se peuuent bien mieux ressembler que celles-là. D'ailleurs puis qu'vne seule Image sert mesme à quantité d'effets, luy mettát quelque caractere auprés, suyuant ce que l'on croid y estre conuenable, ceux qui font cela veulent dóc que les Estoilles comprennent leur intention & deuinent leurs pensées, de telle sorte que soit qu'elles soiét implorées pour les effets où elles president naturellement, soit pour d'autres extraordinaires, elles executent leur dessein. Ils sont idolâtres s'ils ont cette croyance. Ils prennent les Astres pour des Dieux pourueus de raison, de iustice & de prouidence, au lieu que ce ne sont que des masses corporelles qui ont vne qualité qui les rend mobiles. Ceux qui sót bié instruits dás la nature des choses n'ōt garde de tomber dans ces erreurs; Ils sçauent que l'on ne doit rien attendre des Astres que ce qu'ils peuuēt manifestemét, & entre ce qu'ils peuuent, ils ne croyent pas qu'il faille enrooller l'Influéce que l'on dit qu'ils iettent sur les pierres & les metaux où l'on graue les figures que l'on leur attribue. La matiere que l'on leur assujettit ne reçoit point tant de facultez, & les Images que l'on en fait ne l'y rendent pas plus propre.

Deffences pour les figures artificielles des Talismans, prises des figures naturelles des Gamahez ou Camajeux, & de celles des plantes.

SECT. VII.

Eux qui asseurent que les figures des costellations sont fort vtiles, disent encore pour soustenir leur opinion, que l'on a remarqué cecy en quelques pierres ou l'on trouue des Images grauées naturellemét, qu'ils appellent des Gamahez, & le vulgaire des Camajeux. Qu'il s'en est trouué qui auoient la figure d'vn Scorpion, lesquelles estans portées gardoiét de la piqueure de cét animal ou en guerissoiét; Que celles qui ont d'autres figures soit qu'elles soient plattes & comme peintes de diuerses couleurs, ou qu'elles soient releuées comme des Statuës, elles ont quelque pouuoir secret, qui procede de ce que la Nature les a formées sous l'Influence de quelque Astre duquel elles ont receu la forme qu'elles ont, & que c'est à l'exemple de cela que l'on a entrepris de faire des Talismans, afin que l'artifice imitast la Nature.

Il est bien vray qu'il se treuue des pierres où il y a des figures naturelles qui sont en bosse, & d'autres qui sont comme peintes dedans, ce que l'on void si l'on les fend, mais la plus part ne representent qu'imparfaictement les choses que l'on s'imagine, & l'on y remarque tousiours quelques deffaux; Que si l'on en trouue en de certains lieux qui ont vne figure parfaite, c'est vn tres-grand hasard, & bien souuent quelques ouuriers subtils ont retrâché ou adiousté, ce qu'il y auoit de superflu ou de manque à la nature, afin que cela fust estimé dauantage; mais quoy qu'il en soit, quelle puissance ont ces plus parfaites figures? Si vne pierre ou vn caillou represente vne maison, vn nauire, vn arbre, à quoy seruira cela? L'ó ne definit point cette vtilité; mais l'on dit seulement que quand quelque partie du corps y est represéntée, cela sert à la conseruer saine, & à luy rendre sa santé si elle la perduë. Ie voudrois dire aussi que les cailloux qui auroient la figure d'vne maison, seruiroiét à garder les maisons d'estre abbatues par les vents & les orages, & d'estre consommées par le feu; Que ceux qui auroient la figure d'vn nauire garderoient les

vaisseaux

vaisseaux de naufrage, & ceux qui representeroiét des arbres rédroiét fertiles les arbres où ils seroient attachez. L'on ne propose point cecy, pource que c'est vne absurdité trop manifeste. Outre que l'on dit que les cailloux qui representent quelque membre humain sont fauorables à ces mesmes parties, l'on se contente d'adiouster qu'ils nous preseruét des maux qui nous peuuét estre faits par quelque animal dont ils portent la ressemblance. Mais il y a icy de la contrarieté. Les pierres qui ont la ressemblance de quelques membres guerissent des membres pareils, & celles qui ont la figure de quelques animaux preseruét, dit-on, des maux que ces animaux peuuent faire. Si l'on establit la guerison des membres par conformité & par sympathie, les animaux ne pourront pas estre chassez par

F

vne pierre qui leur reſſemblera, ny le mal qu'ils auront fait n'en pourra pas eſtre guery, puis que cette pierre doit participer à leurs proprietez. Il eſt difficile d'accommoder cela au ſujet fort exactement. Ayãt cherché les premieres aparences, l'on les a apropriées ſelõ la neceſſité que l'õ en auoit, & voulãt trouuer des remedes à quelques accidents, l'on a ordonné pour cela tout ce qui s'eſt preſenté, ſans ſonger aux conſequences que l'on en pouuoit tirer. Chaque recepte peut auoir ſa contradiction ; mais par exemple de croire qu'encore qu'vne pierre ayt la vraye figure d'vn Scorpion, cela ſeruiſt contre cét animal, ſoit pour guerir les bleſſeures qu'il fait, ſoit pour le chaſſer de quelque lieu, c'eſt vne imagination qui n'eſt pas meſme dans l'ordre que ces chercheurs de curioſité ſont preſcrit : car ſi la figure du Belier profite au Belier, & celle du Taureau aux animaux de cette espece, selon la puissance des Signes Celestes, la figure du Scorpion ne doit pas nuire au Scorpion. Au reste puis que toutes ces figures que l'on treuue dans les Gamahez, sont la plufpart imparfaites, ou ne sót point reconnoissables, & ne representent que des grotesques sur lesquelles l'vn trouuera vne chose & l'autre vn autre, commét est-il possible de iuger quels effects l'on en doit attendre, tout ce que l'on en pense n'estant fondé que sur l'imagination. Les porphyres, les marbres & les cailloux qui ont de telles figures ne les ont receuë aussi que selon la diuersité de leur matiere, & l'action de la chaleur Il n'y a point d'aparence que cent mille pierres qui sont dans vne mesme plaine ayent chacun

F ij

obtenu vne Influence particuliere de quelque Aftre. Leur diftance eft trop petite pour auoir été regardées de tant de diuers rayós; Que fi l'on raporte qu'il s'en eft trouué quelques vnes qui guerissoiét des maux ou l'on les appliquoit, c'eft qu'il eft arriué par bon-heur que l'on s'eft treuué guery à cette heure là, mais fi l'on veut faire experience des autres pierres pour quelque operatió fuiuant la reffemblance, l'on s'y treuuera trompé.

Toutefois pour cófirmer encore cecy, l'on remonftre que la Nature ne fait rien en vain, & qu'elle n'a donné ces Images aux pierres que pour nous aduertir des chofes à quoy elles font propres ; Que la plufpart des plantes en ont de cette forte, & que par là les Medecins ont connu ce qu'elles eftoient capables d'operer ; Que la racine de

Squille guerit les maux de teste, pource qu'elle en a la figure; Que la fleur de Potentilla qui represente l'œil est singuliere pour la veuë; Que la Mente aquatique qui represente le nez fait reuenir l'odorat perdu; Que la Dentaria apaise le mal des dents; Que le poulmon est restauré par l'herbe qui porte son nom & sa figure, & le foye par l'hepathique & qu'il n'y a partie au corps de l'homme qui ne treuue quelque fleur, herbe ou racine qui luy ressemble, & qui soit propre à guerir ses maux. Ceux qui en ont fait la recherche ont trauaillé assez vainement, car toutes ces ressemblances sont tres-mal formées, & l'on rencontrera quantité de plantes qui ont les mesmes figures, & ne sont pas bonnes aux mesmes maux. Plusieurs herbes sont dentelées comme la Dentaria, & ne valent rien contre le mal des dents. Presque toutes les fueilles qui sont larges en bas & aboutissent en pointe, doiuent ressembler au nez autant que la Menthe aquatique, & l'on n'en doit pourtât tirer aucune consequéce. Ce n'est point aussi sur ses marques, appellées par de certains Autheurs, les Signatures des choses, que les bons Medecins se sont arrestez. Ils ont consideré la qualité chaude ou froide, seiche ou humide des plantes, & sçachans aussi la nature des maladies, ont connu ce qui estoit propre à chacune. Si l'on demande pour quel sujet la Nature a donc donné de telles figures aux Plantes ; Ce n'est pas inutilement, puisque cela sert à les distinguer l'vne d'auec l'autre & qu'elles doiuent aussi auoir leur figure particuliere suiuant leur temperament. Il en est de mesme des pierres dont les figures procedent de la diuerſité de leur mixtion. La Nature ne la pas fait en vain puis que cela doit eſtre ainſi. L'on auroit autant de ſujet de demander pourquoy il y a du marbre noir & blāc, pourquoy il y a des cailloux iaunes, rouges & gris, & de quantité d'autres couleurs : Leur compoſition le veut ; cela ne ſe fait pas en vain puis que cela ſert à la faire connoiſtre. La figure naturelle des plantes, n'eſt pas vaine non plus ; Elles doiuent eſtre differentes ſelon leur varieté. Mais que par le rapport qu'elles ont auec la figure de certains corps ou membres l'on connoiſſe à quoy elles ſont propres, cela n'a aucune certitude, puis qu'on a de la peine à remarquer ces reſſemblances, qui ſont le plus ſouuent imaginaires.

Or pource que l'on peut demander quelle puissance possede vne pierre qui a la figure du Scorpion, pour guerir la playe qu'vn Scorpió viuant aura font: Ceux qui parlent de cecy, font la plus estrãge respõce du monde. Ils disent que les pierres qui representent des animaux soit qu'ils soiét en bosse ou simplement tracez, en ont eu en effect quelque qualité, & que si cela n'estoit, cette figure ne se seroit pas faite; tellement que cherchant toujours de se perfectionner, par tout où elle trouue les autres qualitez qui luy sont propres, elles les tire, & les prend ; Que si elle est donc appliquée sur la playe faite par vn animal de cette espece, elle y trouue ses qualitez imprimées, lesquelles luy estans conuenables, elles les attire à soy, & par ce moyé la playe demeure déchargée du venim & se guerit, que par ce principe vn vray scorpion estant escrasé & appliqué sur sa morsure la guerit, comme fait aussi son huyle; Que la morsure d'vn serpent est pareillement guerie par sa teste escarboüillée, ou bien par le serpent reduit en poudre, celle d'vn Crocodile par sa graisse, celle d'vn rat par sa chair mise en poudre, celle d'vn chien par son poil ou sa peau, le venin d'vn crapaut par vne pierre qui se trouue à sa teste, & que si nous esprouuions la proprieté des autres animaux, nous trouuerions sans doute en tous quelque chose qui seruiroit de remede au mal qu'ils peuuent faire. I'accorde que cela se peut trouuer en quelques animaux, non pas en tous, & mesme cela ne se fait pas par vne simple aplicatió de leur corps, ou de quelqu'vn de leurs membres, puis que l'ō dit que l'huyle que l'on en a tirée y sert de beaucoup. C'est que cette huyle adoucit le mal ; & pour les parties entieres que l'on y applique, elles ont la mesme faculté de corriger cette mauuaise qualité par d'autres contraires, tellement que ce n'est pas qu'elles attirent le venin à elles, comme en effect cela ne se remarque point. Qu'elles guerissent aussi par ce moyen ou autrement, les pierres qui representent ces bestes, ne leur doiuent point estre comparées pour auoir le mesme effect. Encore qu'vn caillou soit tortillé en rond, il n'a point la nature d'vn serpent ; Il a tousiours celle d'vn caillou, laquelle il garde en toutes les autres figures.

Ie treuue encore icy vne nouuelle obiection ; c'est que ces pierres qui ont la forme de quelques animaux, sont peut-estre ces mesmes animaux qui ont esté changez en pierre par la proprieté des lieux où ils se sont trouuez, ce qui en effect peut arriuer, & en ce cas là l'on ne deuroit pas dire que ces pierres eussent esté figurées de cette sorte par vne Influence celeste. Cecy n'est bon à dire principalement que pour les figures en bosse, & non pas pour celles qui sont peintes aux Camajeux : Et dauantage l'on me peut répondre que mesme ces pierres n'estans que des animaux petrifiez, ils doiuent auoir beaucoup de puissance pour la guerison d'vne playe qui aura esté faite par vn animal de leur espece, d'autant qu'ils attireront le venim qui s'y est glissé comme vne qualité qui leur est propre, & dont ils ont iouy autrefois. Cecy n'a pourtant aucune aparence. Les animaux estans petrifiez ne retiennent plus rien de leur premiere nature, quoy que la mesme figure leur demeure, & les autres pierres qui par hazard se trouuent estre figurées de semblable sorte, ne participent point aussi aux qualitez de l'animal qu'elles representent. La figure des animaux procede à la verité du pouuoir naturel de la semence dont ils ont esté engendrez, lequel se manifeste ainsi au dehors, & l'on ne se trompera point de croire que tous les corps qui ont vne figure pareille ou aprochante par le moyen d'vne force interne, sont d'vne nature à peu prés semblable, comme en effect les hommes dont les visages ressemblent aux Lyons ont quelques furie naturelle, & ceux qui ressemblent aux lievres sont foibles & timides : Mais pour la figure des pierres elle ne vient point d'vne cause interne ; Elle se fait selon la disposition de leur matiere, & selon les agens exterieurs, comme peut-eftre la chaleur ou bien l'eau qui les rôge en de certains endroits. Beaucoup d'autres chofes ont la figure de quelque animal à qui l'on en deuroit auffi attribuer la Nature, mais l'on ne le fait pas, pource que l'on fçayt bien qu'il ne s'y en trouue aucuns principes, & que cela ne dépéd que de leur meflange & de quelques autres accidents.

Quant aux plantes il eft vray que leurs figures ne dépendent point du hafard, & qu'elles fuiuent toujours la nature de leur efpece, mais l'on dit qu'elles peuuent guerir les membres humains aufquels elles reffemblent, il y auroit plus d'aparence de croire que les membres des autres animaux le pourroient faire : car leurs yeux ou leurs dents reffemblent mieux à ceux d'vn hóme que ne fçauroit faire aucune herbe ou racine, & pourtant l'on ne s'en sert point pour la guerison, tellement qu'il ne faut pas croire que la ressemblance des plantes y doiue seruir.

Ce n'est point aussi la figure qui guerit ; Ce sont d'autres qualitez qui sont la chaleur ou la froideur, ou quelque autre plus cachée. L'on n'a iamais veu que la figure seruist à cela. Soit que l'on escrase les plantes pour les appliquer, & que l'on en tire l'eau ou l'huile, l'on connoist bien que l'on neglige leur forme exterieure, en ce qui est des remedes, & qu'elle sert seulement à monstrer la diuersité de chaque nature. L'on n'a iamais ouy dire que pour guerir quelque mal il faille necessairement y appliquer vne fueille entiere sans aucune defectuosité. Les plus subtils disent que soit que l'on escrafe les herbes ou que l'on les diftile, la forme exterieure n'eft point aneantie, & qu'il y a des fecrets pour la faire paroiftre; Que quelques vns ayans tiré le fel de certaines plantes, & laiffé geler leur lefciue, la figure s'y eft trouué parfaitement reprefentée, & que les autres promettent mefme que l'on en peut garder les cendres dans vne phyole, & en faire paroiftre lefpece toutes les fois qu'on voudra: Mais quand ces chofes fe feroient, cela ne conclud rien pour noftre intention, car il eft certain qu'il faut vn foin tres-exact pour faire paroiftre ces formes exterieures, tellement qu'il faut croire qu'elles s'éuanoüyffent fi l'efpece n'en eft diligemment arreftée comme dans la glace ou elle fe rend fixe, ou dás vn vaiffeau bien clos. Or quand l'on applique fur vne playe les herbes pilées ou ramaſſées en vnguent, cét eſprit qui cóſerue la forme s'eſt donc euaporé, dautant que l'on n'a point apporté ce ſoin à l'arreſter, & il ne ſe faut point imaginer que c'eſt luy qui apporte la gueriſon, & que l'on ne la tienne que de la figure ſoit viſible ou inuiſible : Ie dy encore que les plantes n'ont receu leurs figures que ſelon leur temperament, & qu'elles ſeruent ſeulemét à monſtrer les diuerſitez qui s'y trouuent.

Pour ce qui eſt de preſeruer chacune aſſez manifeſtemét quelque membre où elles ſoient propres, & dont elles ſoient capables de conſeruer & de faire recouurer la ſanté, il ne faut point croire que cela arriue de meſme que l'on le rapporte. C'eſt vouloir que les ſecrets de la fabrique du móde ſoient bien aiſez à deuiner. Pour les rendre

dre plus clairs il faudroit que chaque pláte euſt en eſcrit ſur ſes fueilles ou ſur ſa tige à quelles maladies elle ſeroit propre. Cela ſeroit plus commode que la reſſembláce que l'on s'imagine, laquelle eſt ſouuent ſi obſcure que l'on a de la peine à la trouuer. D'ailleurs vne plante qui ne reſſemble qu'à vn ſeul membre eſt quelquefois capable d'en guerir pluſieurs autres, & meſmes tout le corps. C'eſt pourquoy cette repreſentation ſeroit imparfaite, & la Nature qui eſt ſi prouidente n'auroit rien fait en cela de bien reglé, pource que l'on s'imagineroit que cette plante ne ſeruiſt qu'à guerir les maux d'vne ſeule partie. Croyós que les loix naturelles ſont plus certaines que cela. La diuerſe figure des plantes, ſans eſtre comparée aux membres des animaux, monſtre la diuerſité de leur eſpece de

G

peur qu'on ne s'y trompe, & comme l'on sçayt leur diuers temperament, que l'on connoist aussi par d'autres marques, l'on n'ignore point que suiuant cela elles sont propres à diuerses maladies, & que celles qui sont chaudes sont bonnes contre les douleurs froides, & les froides contre les chaudes. Cette marque est plus generale que la figure d'vn seul membre. De verité cela est plus difficile à connoistre, mais pour la reuerence de la Nature, il a falu que ses Mysteres donnassent quelque peine à descouurir.

Si les Gamahez ny les signatures des plates, n'ont aucun pouuoir de guerir les maladies, que l'on les trouue de telle forme que l'on voudra, cela ne conclud rien pour les Talismans ; Mais quand les figures naturelles seroient bonnes pour quelques maux, où trouue-t'on qu'elles soient propres à faire cesser la pluye ou la destourner d'vn lieu, & à empescher que quelques animaux puissent viure dans vne contrée? Iamais personne n'a esté si temeraire que d'en promettre cecy, & neantmoins l'on espere ces choses des Images que l'on a grauées. C'est donc à tort que l'on allegue pour exemple la force de celles qui sortent des mains de la Nature, puis qu'elles n'atteignét point iusque là. L'ō dira que cela sert toujours pour la preuue de la guerison des maladies; mais cela n'est pas fort aüeré. Quant au reste si les figures artificielles ont des effects plus grands, l'on soustient que la figure donne aux pierres des proprietez qu'elle n'auoit pas, estant faite sous vne heureuse constellation, & que ces trois choses agissent ensemble, la

Pierre, la Figure & les Astres. Plusieurs demeurent dans cette opinion pour des croyances particulieres qu'ils ont embrassées; Mais il faut acheuer de voir s'ils le font auec quelque iugement.

De quelle sorte la Nature laisse accomplir à l'artifice ce qu'elle a commencé ; Que les choses dont l'on fait les Talismans n'ont point en elles les principes des operations que l'on leur attribuë, & par consequent qu'ils sont inutiles.

SECT. VIII.

L'On dit qu'ayant bien choisi la matiere dont l'on veut faire le Talisman, & y grauant vne figure conuenable sous la constellatió necessaire à nostre intention, l'on en doit esperer des operations merueilleuses que les simples pierres ne peuuent accomplir auec toutes leurs figures naturelles; Qu'il y a quantité de choses que la Nature ne fait pas & qu'elle laisse pourtant faire à l'artifice. Elle n'a pas fait le pain tout prest à estre mangé: Elle n'a fait que le bled dont les homes ayans fait de la farine, la paistrissent auec l'eau, & la font cuire au four ; Elle n'a pas fait les medecines : Elle n'a fait que les racines & les herbes, que l'on fait cuire parmy d'autres drogues, ou quel'on distile pour en faire diuers remedes; Ainsi dit-on qu'elle a laissé le pouuoir de faire des Talismans auec les metaux & les pierres. Ce sont icy des fictions : La Nature laisse faire quelque chose à l'artifice, mais elle a commencé ce qu'il ne fait qu'acheuer, & l'on se pourroit seruir de ce qu'elle a fait sans autre façon. Le bled en l'estat qu'il est peut seruir à nostre nourriture, mais l'on a trouué plus commode & plus agreable de le moudre & de le paiſtrir. Pluſieurs herbes & racines gueriſſent auſſi quelques maux fans ſouffrir alteration ny mixtion, & ſi l'on les diſtile ou les meſle auec d'autres ingrediens, c'eſt pour les rendre plus ſubtiles ou plus fortes. Il faut conſiderer encore que tous les artifices que l'on faict, ne ſont que ſuiuant les premieres regles de la nature, dont il n'eſt pas poſſible de paſſer les bornes. Si vne plante eſt froide, quelque choſe que l'on y faſſe, elle ne quitte pas cette qualité, & ſi les drogues chaudes ſont meſlees auec les froides, il s'en fera vn temperament qui viendra des vnes & des autres, & pour ce qui eſt de toutes les autres qualitez que lon remarque en quelque corps que ce ſoit, elles doiuent toutes proceder de quelque principe. Tous les artifices mechaniques ſe font dans cet ordre. Les vaſes de cuiure, destain ou de terre retiennent l'eau pource qu'elle ne peut penetrer leur solidité ; Si l'on la met dans vn cornet de papier, elle passera au trauers, d'autant que les pores y sont plus grands. La pluspart des machines que l'on compose, agissent de mesme, à cause qu'elles sôt assez solides pour pousser d'autres corps, & qu'elles sont aussi assez pesantes pour cét effect. Or cette solidité & cette pesanteur viennent de leur premiere nature. Ce n'a pas esté par artifice qu'elles ont esté acquises. L'artifice rend seulement leurs machines propres à ce que l'on desire selon la puissance de leur matiere. Ce qui est solide estant creusé est propre à retenir la liqueur comme fait la pierre, le metal, & le verre, est ce qui est ferme & lourd est propre à abattre les edifices, estant suspendu de telle forte qu'on le puiſſe eſbranler ayſement, ainſi que les anciens faiſoiét d'vne poutre ſuſpenduë, qui eſtoit vne machine qu'ils appelloient vn Belier. Ainſi nous voudrions que les figures faites ſous certaines conſtellations à qui l'on attribuë tant de pouuoir en eulſét quelque principe; mais l'on ne peut le rencontrer. La matiere dont elles ſont faites, n'a rien qui ſoit propre à guerir les maladies, tellement que ce que l'on y graue ne les y rend pas meilleures. Voyós vne autre ſimilitude. Le fer eſt deſia propre à s'enfoncer dans le bois, parce qu'il eſt plus maſſif que luy, mais ſi le forgeron l'accommode en pointe, il y ſera plus propre, & s'il le tourne en viz comme vn foret, il percera encore plus aiſément. Rien de pareil ne ſe treuue aux pierres & aux metaux pour remedier à pluſieurs maladies & encore moins feruent-ils contre les orages ou les bestes dangereuses. L'on peut obiecter que les Chymistes se vantent de tirer de l'huyle, du sel & des esprits, de tous les metaux & de toutes les pierres & promettent d'en guerir plusieurs maux. Si cela est toutes ces matieres ont les principes de la guerison, mais ils ne se manifestent pas par vne simple graueure, & il s'en faut seruir autrement que de les porter simplemét sur soy. D'ailleurs pour ce qui est de chasser les orages & les bestes fascheuses, où a-t'on apris que le metal le pust faire pour estre seulement placé en quelque lieu? Il est vray que les cloches peuuent destourner quelques nuées par leur son, & qu'à coups de pierre & d'espieu l'on chasse les bestes dommageables, mais ce seroit vne moquerie de se vouloir seruir de cela pour raison en ce lieu. Les cloches poussent l'air par leur solidité, & les armes chasset les bestes par la mesme qualité, & tout cela est conduit par la force des hómes. Ce sont là nos principes de solidité & de pesanteur qui sont tous naturels: Mais l'on entend qu'vn morceau de metal ou vne pierre placée en quelque lieu sans auoir de mouuement, chasse les orages & les bestes. Cela se doit faire parce que la disposition de tout ce qui est autour en est tellement changée, qu'il n'y sçauroit tomber de pluye, de gresle, ny de tonnerre, & que les bestes y reçoiuent dés l'entrée vne apprehension secrette qui les en fait éloigner. Il n'est pas possible que des pierres, pour estre grauées sous quelque constellation que ce soit, ayent cette puissance. l'en veux donner vne raison dont il faut que les aduersaires soient contents, car elle tranche court, toutes leurs propositions ; C'est que les Astres mesmes n'ont pas le pouuoir qu'ils attribuent aux figures qui sont faites pour leur ressembler, & pour operer par leurs Influences. Ie soustiens que les Astres n'empeschent point les orages de tomber en quelque lieu. Si cela estoit, lors que ceux que l'on croit capables de les destourner, seroient sur quelques autres côtrées, il n'y tôberoit iamais vne seule goutte d'eau, & ce pédant ils ne les en garentissent pas de telle sorte qu'il n'y pleuue quelquefois, au lieu que l'on pretend faire des Talismans qui empeschét cela continuellement. Il en est de mesme de la gresle, du foudre, & des autres Meteores. Quant aux animaux nuisibles, les Signes du Ciel n'empeschent point qu'ils n'aillent par tout où ils veulent. S'ils en sont retenus, c'est par la trop grande chaleur ou froideur. Ils cherchent les regions qui sont commodes à leur temperamét & y demeurent. L'on ne void point que lors qu'vn certain Signe est sur vne contree, tous les animaux auquel l'on le iuge contraire, s'en retirent, & si cela ne se fait point, pourquoy la figure grauee sous cette constellation, auroit-t'elle le pouuoir de les chasser? Quant aux maladies que l'on pretend pouuoir estre gueries asseurement par de telles figures, comment le feroient elles si leurs Astres ny peuuent rien; car il faut auoüer que si vne certaine constellation dóne à la pierre où l'on graue sa figure, la puissance de guerir quelque maladie, elle deuroit auoir premierement cette faculté en elle, & si elle l'auoit, il faudroit qu'aussi-tost qu'elle se trouueroit sur vne Prouince, tous ceux qui seroient touchez de cette maladie fussent gueris.

Ie ne me puis imaginer aucune replique là dessus. Ie croy qu'apres cela il faut quitter l'erreur plustost que de tascher de le deffendre; Aussi n'y a-t'il rien de si manifestement faux que le pouuoir que l'on attribuë aux Talismans. Nous auons trouué que ny la matiere, ny la figure, ny l'influence, ne sont point capables des effects que l'on en publie. Quand mesmes les Astres auroient quelque pouuoir là dessus, voudroit-on qu'vne simple pierre grauée les égalast, & que ce fust comme vn Astre en terre. L'on dit que de mesme qu'vn fer touché de l'Aymant peut attirer vn autre fer; Ainsi la pierre touchee de la constellatió a le mesme pouuoir qu'elle. Mais comment preuue t'on que la conſtellation touche la pierre, & quand elle la toucheroit, quel raport y a t'il, d'vn ſi petit corps à de ſi grandes Aſtres ? Les Aſtres ont leurs rayons par leſquels ils agiſſent ſur les autres corps, mais où ſont ceux de la pierre ? Neantmoins ſi elle pouuoit chaſſer les orages de quelque endroit, il faudroit qu'elle jettaſt quelques traits au dehors, car ſi les corps ſont repouſſez de quelque lieu il faut que ce ſoit par d'autres corps. Si quelques animaux ſont empeſchez auſſi d'entrer quelque part, il faut que ce ſoit par quelque vapeur, ou quelque odeur qui ne leur plaiſe pas, ainſi que nous remarquons en tous les Secrets naturels dont l'on ſe ſert pour les chaſſer, mais la pierre ou le metal ne changent point d'odeur pour auoir receu vne nouuelle figure en vn certain iour de l'annee, & il ne s'en exhale aucune vapeur qui offence les animaux, de sorte qu'il n'en faut point attendre les effects que l'on en propose.

Quand les pierres auroient aussi quelque souffle ou exhalaison, ce ne pourroit estre qu'à proportion de leur corps, c'est pourquoy elles n'agiroient point dans vn fort grand espace. La crainte qu'elles donneroient aux Bestes ne s'estendroit guéres loin. Il est vray que les animaux sont aussi intimidez par la veuë. Il y a des couleurs qu'ils abhorrent & des figures qui les espouuantét; mais les images dont nous parlons estans souuent fort petites, n'auroient pas grand effet pour estre veues de loin, outre que l'on a mesme accoustumé de les cacher sous terre, ce qui fait connoistre que l'on n'entend pas qu'elles agissent fent par la veüe ; & puis ce feroit donner fort peu de pouuoir aux Talifmans, de n'en point parler d'autre forte que d'vn efpouuantail qui eſt eſleué au milieu d'vn champ pour empefcher que les oyfeaux ne viennent manger le grain. De quelque autre forte que l'on croye que les Talifmans agiſſent, puis que l'on les enterre ou les enferme, cela y doit pourtant beaucoup nuire, veu que les Aſtres meſmes n'agiſſent que fur les corps qui font en leur preſence. D'auoir recours à des Sympathies imaginaires, ce font des chofes fans exemple & fans preuue ; Et quand l'on dira qu'il y a des Talifmans que l'on porte fur foy, & qui doiuent guerir les maux en les touchant, il n'y a aucune raifon qui nous monſtre qu'ils doiuent auoir cette puiſſance à cauſe des figures que l'on y a gra-

H

uees, ainſi que i'ay fait voir aſſez clairement.

Des Exemples que l'on donne de la puiſ-ſance des Taliſmans.

SECT. IX.

LEs vrayes raiſons eſtans pour nous, il ne ſe faut pas ſoucier des experiences que l'on allegue. Si l'on dit qu'il eſt arriué pluſieurs fois que quelque choſe s'eſt faict ſuiuant le deſſein de ceux qui ont graué les Taliſmans, ie reſpon qu'il y a peut-eſtre du menſonge en la relation, ou bien que ceux qui ont voulu remarquer cela, s'y ſont trompez eux meſmes n'y prenant pas garde d'aſſez prez, & ſi cela eſt veritablement arriué; qu'il en faut chercher la cauſe ailleurs.

Les pierres naturelles ont leurs fables auſſi bien que les figures artificielles. Il y en a meſme que les Autheurs diſent eſtre capables de rendre les hommes inuiſibles, de leur faire auoir le don de Prophetie, & autres merueilles eſtranges. C'eſt pourquoy ceux qui ont propoſé de donner de nouuelles qualitez aux pierres & aux metaux, ont crû que l'on leur adiouſteroit foy ayſement, & que ſi l'on auoit oſé vanter de cette ſorte les choſes naturelles dans leur ſimplicité, l'on en pouuoit dire autant, voire dauange des choſes qui outre la puiſſance de leur nature, auoient celle que leur donnoit l'artifice, cóme pouuoient eſtre les figures grauées ſur vne certaine matiere, tandis qu'vne cóſtellation conuenable preſidoit au Ciel.

L'on treuue escrit qu'il ne pleuuoit iamais dans le paruis du Temple de Venus à Cypre, & quelques vns ont dit que cela se deuoit faire par la puissance d'vn Talisman. Toutefois les Anciens ne disent point qu'il y en eust, mais quand il y en auroit, ie ne croy point qu'il fust capable de cela. Il ne pleuuoit peut-estre guere en toute la region, & ceux qui y auoient esté n'y auoient point veu pleuuoir; voila pourquoy ils auoient publié qu'il n'y pleuuoit iamais. L'on raporte qu'il y a eu en diuers lieux des figures pour chasser les mousches, les chenilles, les sauterelles & autres insectes, & mesmes quelques autres animaux plus grands & plus dangereux, & que cela auoit de l'operation. I'asseure encore que cela n'a pû estre fait par ce moyen, puis que la raison naturelle me le fait connoiſtre. Au cas qu'il ſoit vray que l'on ayt fait fuyr ces animaux de quelque lieu, il faloit que l'on y euſt caché quelque choſe qu'ils auoient en hayne, & qui frapaſt leur ſentiment, ce qu'vne ſimple figure ne peut faire.

L'on raconte de plus que ſous le regne de Chilperic Roy de France, en creuſant quelque foſſé de la ville de Paris l'on trouua quelques figures d'airain, qui repreſentoient vn feu, vn ſerpent, & vn rat d'eau, & que les ayant oſtées de leur place, il ſe fit vne nuict vn embraſement qui bruſla preſque tous les edifices, & depuis les habitans furent incommodez de quantité de ſerpens & de rats d'eau. Mais ſi cette ville fut bruſlée, l'hiſtoire remarque que ce fut par la negligence d'vn vendeur d'huyle qui laiſſa du feu prés

H iij

de ses vaisseaux. Croit-on que si les figures eussent esté encore en leur lieu, cela ne fust pas arriué? Par quel secret eussent-elles pû empescher que les choses n'operassent selon leur nature, & que le feu ne bruslast les matieres côbustibles? Pour les serpens & les rats d'eau, il y en deuoit auoir eu auparauant, mais peut-estre n'y en eut-il guere long-temps, & si tout ce mal vint d'auoir osté ces figures il deuroit encore durer; mais l'on ne sçayt que c'est à Paris de ces serpens & de ces rats d'eau, & pour ce qui est des embrasemens, cette ville n'y est pas plus sujette qu'vne autre, pourueu que ceux qui y demeurent y prennent garde; Aussi les Historiens ne parlent point de ces figures comme de choses certaines; Ils disent seulement l'opinion qu'en auoit le peuple.

Les Annales de Turquie rapportent qu'il y auoit à Conſtantinople pluſieurs Statuës fatales dés le téps que les Empereurs Chreſtiens ſe logerent en cette ville, leſquelles ayás eſté abatuës par ceux qui n'en ſçauoient pas la puiſſance, il en arriua du malheur. Que depuis la ville ayant eſté priſe par les Turcs leur Prince ayant rompu d'vn coup de maſſuë la machoire d'vn ſerpent, il y eut aprés quantité de ſerpens dans Conſtantinople, & qu'ayant fait abattre la ſtatuë d'vn Cheualier qui eſtoit vn preſeruatif contre la peſte, les habitans en furent depuis infectez. Il faut reſpondre à cecy premierement, qu'il peut bien arriuer en tout temps des pertes d'hommes & de pays, & autres malheurs; Que s'il s'eſt veu des ſerpens à Conſtatinople, l'engeáce n'en a pas eſté produite par ce ſerpent rompu, &

que s'il y a eu de la peste apres auoir abatu vne statuë, c'est que cela s'est rencontré ainsi, & dés auparauant si l'on y préd garde cette ville estoit sujette à cette maladie, cóme sont toutes celles où il y a quantité de peuple.

Outre ces alegations l'on a recours à vne plus grande antiquité: L'on tient qu'il y a eu dans plusieurs villes de certaines choses qui empeschoient qu'elles ne fussent prises des ennemis ; Que tel estoit le Palladium de Troye, les Boucliers de Rome, & quantité de Dieux tutelaires; mais quoy que les Anciens gardassent cela soigneusement comme des choses fatales, l'on ne trouue point que cela fust fait sous certaines constellations, & l'on sçayt bien aussi, que quand cela eust esté, quelque respect qu'ils leur portassent, ce n'estoit qu'vn effect de leur erreur & de leur superstition que l'on ne doit point prendre pour exemple.

Nonobstant cela quelques vns ne laissent pas de soustenir qu'il y a eu autrefois des figures qui ont eu vn merueilleux effect. Si cela est vray il faut leur declarer enfin le secret de l'affaire; C'est qu'il y auoit là autre chose que la puissance d'vne constellation : Ou cela est faux, ou cela se deuoit faire par le pouuoir des demons. Quelques Magiciens voulans passer autrefois pour grands Philosophes & Naturalistes, ont attribué au pouuoir des Astres, ce qu'ils faisoient par sorcellerie.

Nous n'approuuons donc point ces statues ou figures que l'on place en quelque lieu de la ville ou dans quelque coin d'vne maison, pour operer quelque effect extraordinaire; & l'on doit penser la mesme chose de celles que l'on porte, soit qu'elles soient grauées sur vne table ou lame de metal, ou bien sur le cercle d'vn anneau. Il est aussi indifferend que ce soient de vrayes figures d'hommes ou de bestes, ou que ce soient des lettres & des caracteres. L'vn n'a pas plus de pouuoir que l'autre. Les figures d'animaux ne representét rié qui soit au Ciel, & les paroles barbares ou les caracteres incomnus que l'on graue tous seuls, ou bien auec quelque Image, n'expriment rien aussi qui appartienne aux Astres. Auec cela tout le changement que cela apporte à la pierre ou au metal, c'est que ce sont de petites concauitez capables de marquer l'argile ou la cire, ou de retenir en elles quelque liqueur. Ie ne leur attribuë point autre puissance. Les Astres ne sont point des Diuinités pleines de prouidence & de iustice qui exaucent ceux qui les inuoquent, qui prennent garde aux figures que l'on fait en leur honneur, & qui ayent du iugement pour discerner quels sont les caracteres qui implorent leur assistance. Tout cecy a déja esté resolu, & les mesmes choses que i'ay alleguées contre le pouuoir des Images faites sous certaine constellation, peuuent seruir contre les lames & les anneaux où l'on se contente de grauer quelques caracteres, pource que l'on sçayt bien aussi que ces petits traits de burin n'aquierent aucune puissance à la matiere.

Il est vray que sans se fier aux liures, plusieurs personnes qui viuent encore, nous diront peut estre qu'ils portent depuis long-temps de certaines pierres figurées, lesquelles ils croyent estre fort bonnes contre la colique, & qu'ils ne s'en sont point sentis depuis qu'ils les portét, quoy qu'ils en fusseut fort affligez auparauant. Il se peut faire aussi que le mal estoit desia cessé pour quelque autre cause, ou que depuis il s'est arresté de luy mesme. Les autres portent d'autres pierres contre les venins ou contre le tonnerre, & se vantent que iamais aucun poison n'a eu prise sur eux, que les serpens, les lezards & les autres animaux venimeux ne les ont point infectez, & qu'ils n'ont point gagné la peste, le pourpre, la rougeolle, & les autres maladies contagieuses, & que le tonnerre n'est iamais seulement tobé prés d'eux. Il faut qu'ils se réjoüissent en cela de leur bonheur & de la faueur de Dieu qui les a preseruez; Ils n'eussent pas laissé de l'estre quád ils n'eulsét point porté

DES TALISMANS. 125
leur pierre, & l'on en void plusieurs autres qui se garantissent de ces accidens, sans auoir iamais porté ces preseruatifs.

L'on peut reduire à cela tous les exemples du pouuoir des figures constellées ; Que si ce sont des effects miraculeux, ils sont inuentez à plaisir, ou ils ont esté accomplis par l'assistance des demons ; Que si ce sont des choses plus moderées comme la guerison des maladies, cela s'est fait par d'autres moyens secrets ; Que si c'est vne preseruatiō de quelque peril, c'est que l'on n'y deuoit pas estre sujet. Nous auons veu qu'il n'y a aucunes raisons qui autorisent les Talismans ; Aussi n'ont-ils pour eux aucune experience legitime, tellement que les merueilles que l'on en raconte ne doiuent point estre creües.

De l'origine des Talismans, & de la tromperie des Astrologues.

SECT. X.

LE credit que l'on donne à ces figures faites sous certaines constellations estant fort desraisonnable, il y a sujet de s'estonner comment plusieurs s'y sont attachez, & l'on doit estre curieux de sçauoir de quelle sorte cela est venu en vsage.

S'il est ainsi que l'idolatrie ayt commencé par les statues de ceux que l'on aymoit & respectoit durāt leur vie afin d'en conseruer le souuenir & que de cet honneur l'on soit venu iusqu'à l'adoration, les Talismans peuuent bien auoir eu

DES TALISMANS. 127

vne semblable origine. Quelques figures ayans esté faites par curiosité, & pour memoire de ce qu'elles representoient, par succession de temps ceux qui les ont euës, ayāt veu que leurs predecesseurs auoient esté heureux en de certaines choses en ont attribué la cause à ces anciēnes pieces dont ils les trouuoient si soigneux, tellement qu'ils en ont eu encore plus de soin, afin d'auoir vn pareil bon-heur. Cela s'est fait pour les grandes figures que l'on plaçoit en quelque lieu d'vne maison, & surtout pour les petites que l'on pouuoit pendre au col ou qui estoient grauées sur la pierre de quelque anneau que l'on portoit au doigt. Les premiers qui s'en estoient seruis ne les portoient que pour ornement, mais les autres y adiouſtoient la superstition. Peut estre auoit-on eu quelque fiance en la matiere, comme de tout temps l'on a attribué plusieurs qualitez merueilleuses aux pierres, & ce que les Lapidaires y auoient graué n'estoit que pour monstrer leur artifice; mais l'on s'est imaginé que la figure y estoit fort necessaire pour obtenir l'effect que l'ō en esperoit. Il s'est rencontré aussi que quelques vnes representoient les diuinitez que l'on logeoit au Ciel, & les animaux que l'on mettoit au rang des Astres. Comme c'estoient les plus grands mysteres de la religion des Payens, cela leur venoit en l'esprit plutost qu'autre chose, & ils grauoient cela par vne deuotion à leur mode.

Les Astrologues peurent faire leur profit de cela afin de se mettre dauantage en credit. Ils publierent que si l'on vouloit que telles statues ou tels anneaux fussét vtiles à quelque

que chose, il ne suffisoit pas d'en choisir la matiere, & la figure, mais qu'il les falloit faire aussi à l'heure que la Planette ou le Signe dont l'on auoit besoin estoiét les plus forts dans le Ciel, & pource que l'on se rapportoit à eux de cette ellection ils fabriquerent plusieurs Images qu'ils vendoient cóme tres-propres à ce que l'on desiroit. Ils trouuerent en cela vne tres-subtile inuention pour augmenter leur credit, ou bien pour le restablir parmy les esprits où il s'en alloit ruiné, car si plusieurs estoient dégoustez de les consulter sur les fortunes que leur promettoit l'heure de leur naissance, à cause qu'ils leur predisoient quelquefois des malheurs qui les faisoient viure en des inquietudes continuelles, ils n'auoient plus sujet de les aprehender s'ils vouloient, d'autant que ceux qui les menaçoient du mal, leur promettoient de leur en donner le remede, & que comme ils sçauoient ce qui deuoit arriuer aux hommes par les Astres, ils pouuoient faire des figures sous d'autres constellations qui les preferueroiét de toutes sortes de perils. Ainsi ces maistres trompeurs asseuroient de cónoistre non seulement les choses ausquelles les Influences destinoient les hommes, mais de changer aussi ces mesmes Influences. Comme le vulgaire croit facilement ce qu'il desire, il y auoit assez de gens qui leur adioustoient foy, & qui les employoient à faire des figures pour diuerses fins. Ils ne consideroient pas la contrarieté de leur proposition, & que si les Astres ordonnoient quelque chose, il falloit que cela arriuast malgré toutes les figures, ou que si cela n'arriuoit pas, ils ne l'auoient donc pas ordonné. C'eſt la penſée qu'ils deuoient auoir ſelon leur temps, mais nous qui n'attribuons pas meſmes aux Aſtres toute la puiſſance que l'on leur a attribuée ſur les choſes particulieres, nous ſortons plus facilement de ces erreurs, & nous ne croyons point auſſi que les figures ayent aucun pouuoir ſur les euenemens du monde.

Fin du Traitté des Taliſmans.

Obseruations sur le Traitté des Talismans.

L'On dit que les Chaldeens ont esté les premiers qui ont inuenté l'Astrologie, soit qu'ils fussent portez de leur naturel à la consideratió des choses hautes & difficiles à connoistre, ou que la commodité des campagnes où ils se tenoient d'ordinaire les y incitast. Si cela est l'on peut bien dire aussi que les figures que l'on fait sous de certaines constellations, ont pris origine dans leur pays. Quoy qu'il en soit l'on tient qu'ils ont eu soin d'en faire, comme aussi les Arabes & les Egyptiens qui estoient adonnez aux plus grádes superstions du Paganisme.

L'on donne à ces figures le nom de *Talisman* qui est vn mot Arabe, venu du Chaldeen, T*selmenaija* qui signifie Image, & vient de l'Hebreu, T*selem*, qui signifie la mesme chose. Quelqu'vn a dit que le mot de Talisman venoit d'vn mot Grec qui signifie, *Perfection*, pource que les Talismans sont les plus parfaites choses qui puissent estre faites icy bas, ayans vne puissance pareille aux Astres. Mais cela n'a aucune aparence, veu que les Grecs ont emprunté des Arabes, des Chaldeens, & des Egyptiens tout ce qu'ils ont sceu de plus curieux, tellement que leurs mots viennent plutost de l'Arabe, que l'Arabe ne vient d'eux. Le nom Arabe qui a esté gardé & vsité en plusieurs autes nations monstre donc encore l'origine de ces figures Astrologigues.

Plusieurs histoires témoignent qu'elles ont esté en credit en Oriét, & qu'il y en auoit dans les places publiques & dans les maisons particulieres, & que quelques petsonnes en ont porté sur soy. Nous n'auons pas les liures de ceux qui en ont escrit dans l'antiquité, mais quelque Auteurs qui sont venus depuis & qui les ont pû voir, ont recueilly ce qu'ils y ont trouué, & y ont mesme adiousté. Arnaud de Villeneufue Medecin du Pape Innocent second en a escrit, mais c'est auec tant de superstition, que ceux mesmes qui veulent deffendre les Talismás le condamnent, d'autant qu'il ne se cótente pas de mettre quelles figures il faut grauer sous chaque constellation, & à quoy elles seruent, mais il prescrit encore des prieres que l'on doit faire, lesquelles sont prises des Pseaumes de Dauid & des autres liures du vieil & du nouueau Testament, ce que l'on tient estre vne prophanation & vne espece de sorcellerie. Ie ne sçay comment l'on souffroit alors à Rome qu'il escriuist de telles choses, mais peut-estre cela n'a-t'il esté publié qu'apres sa mort.

Paracelse a fait vn traicté de la Medecine Celeste où il pretend de guerir toute sorte de maladies, non point par des statues ou figures, mais par des caracteres grauez sur des lames ou cachets, faits sous vne constellation conuenable. Il encherit sur la methode ordinaire, car il n'ordonne pas de prendre d'vn seul metal pour chacune; Il en ordonne plusieurs meslez ensemble auec vne certaine dose, ainsi que l'on feroit pour les drogues d'vne medecine, & c'est là dessus qu'il veut que l'on graue les caracteres qu'il a representez dans son liure. Il y en a quelques vns qui sont ceux que l'on a apropriez à quelque Signe ou Planette, mais outre cela il y en a qui sont inconnus & sont accompagnez de mots barbares qui n'ont aucune intelligence raisonnable, & il faut croire que cela dépend de quelque paction faite auec les Demons, ou que ce ne sont que des sottises faites à plaisir pour tromper le monde.

Agrippa dans sa Philosophie occulte a traicté des Images faites sous l'ascendant de quelque Astre, & a simplemét rapporté dans quelques chapitres celles qui estoient propres à chaque constellation; mais pource qu'ailleurs il dit qu'il faut vser d'inuocations & d'encensemens pour toutes les operations que l'on fait, & qu'il tient mesmes les Astres pour des Diuinitez qui exaucent les vœux des hômes, l'on cónoist dás quelles erreurs il estoit plongé. Il prescrit aussi les moyens de faire des lames ou tables de certain metal pour chaque Planette afin d'obtenir les biés où elles president, mais il entend que l'on y graue de certaines lettres Hebraïques qui representent plusieurs nóbres mysterieux, auec quelques caracteres dediez à l'Astre que l'on implore ou à l'Intelligence qui le gouuerne.

Si cela n'estoit point accompagné de la confiance qu'il faut auoir aux Demons, l'on pourroit dire qu'il n'y auroit pas plus de mal à grauer ces caracteres que des Images extrauagantes. En effect l'on pourroit aussi bien croire que les Astres ietteroient leurs Influences sur des caracteres choisis qui ne les representent pas moins que d'autres figures. Mais soit que l'on se contente de figures & de caracteres, ou que l'on y adiouste des paroles & des ceremonies, bien que l'vn soit plus mauuais que l'autre, ny l'vn ny l'autre ne valent rien.

Quelques Autheurs ont códamné les Talismans où l'on se seruoit de caracteres inconnus & de paroles magiques. Ils ont tenu que si l'on en vouloit faire de legitimes & de naturels, il se faloit contenter d'y faire les figures appropriées à chaque constellation. Les vns l'ont declaré ouuertement, & les autres ayans proposé seulement quelle matiere & quelle figure estoient propres sous chaque Astre, sans y prescrire autre ceremonie que la graueure, ont fait cónoistre qu'ils n'entendoient pas se seruir de paroles ny d'encensemens pour honorer les Astres comme des Diuinitez. Marsille Ficin dans son liure *De Vita Cœlitus comparanda*, a monstré comment l'on pouuoit faire quelques figures sous certaines constellation pour obtenir diuerses choses, sans y rien mesler qui soit pris de la Magie deffenduë. Toutefois il declare que les Magiciens naturels se laissent souuent abuser par des Demons, ce qu'il témoigne de ne pas approuuer. Goclenius & quelques autres modernes ont aussi condamné cette maniere de faire les figures, ou l'on se sert de paroles & d'autres ceremonies qu'ils estiment vaines. Depuis quelque temps l'on a imprimé vn liure qui suit cette opinion, appellé *Curiositez Inoüyes*, composé par Maistre Iacques Gaffarel, Docteur en Theologie & en droict Canon de la faculté de Paris, & Prieur de Sainéte Catherine. L'on n'y trouue pas seulement de quelle maniere l'on peut faire quelques Talismans qui ayent vne operatió asseurée, mais ils y sont deffendus par toutes les raisons qui se peuuent imaginer, & l'Autheur y adiouste quantité de remarques anciennes qu'il fait venir sur ce sujet.

Nous n'auions point encore veu vn si grand discours, ny de liure entier sur cette matiere. Galeottus Martius en auoit seulement fait vn Chapitre exprés qui est le 24. de son liure *De Doctrina promiscua*, & quelques autres en auoient parlé en passát, mais ce liure-cy en traicte de propos deliberé, & parce qu'il comprend ce qui auoit desia esté dit ailleurs pour cette deffence, & ce qui peut estre inuenté de nouueau, c'est à luy qu'il se faut addresser. Les obseruations qu'il est besoin d'en faire en particulier, sont cause que celles que i'ay commencées sur le Traicté des Talismans ne sont pas si longues ; dautant que les mesmes subiets qui se trouuent propres à celles cy, doiuent estre traictez aux autres plus amplement.

OBSERVATIONS
CONTRE LE LIVRE
DES
CVRIOSITEZ
INOVYES

DE M. I. GAFFAREL, SVR
la Sculpture Talismanique.

OBSERVATIONS
CONTRE LE LIVRE
DES
CVRIOSITEZ
INOVYES
DE M. I. GAFFAREL, sur la Sculpture Talismanique.

PREFACE.

CE ne seroit pas faire tout ce qui seroit requis dans l'occasion presente, si ayant parlé des Talismans, l'on ne parloit en particulier du liure qui en a esté fait depuis quelques années. Puis qu'il les soustient ouuertemét, l'on ne sçauroit abatre leur credit qu'en com-

K

battant les raisons dont il les fortifie. Quiconque met vn liure en lumiere l'expose à l'auis de tous. Si vn Autheur est d'vne opinion celuy qui escrira apres en peut suiure vne autre, & monstrer le contraire de ce que le premier a dit. Cette liberté a tousiours esté parmy les lettres, afin dit-on, que comme du choc de deux cailloux, les estincelles de feu viennent à sortir, l'on voye aussi que du combat de deux disputans, les estincelles de la verité viennent à paroistre. Cette similitude est propre en ce lieu où il est si souuent question de pierres & de cailloux. Celuy qui parle donc tant de Camajeux & de Talismás, souffrira, s'il luy plaist, que ie fasse choquer mes cailloux contre les siens, afin que le feu en sorte. Ces façons d'escrire ne sont pas nouuelles. Nous auons quátité de Remarques, de Remonstrances, d'Examens, de Iugemens, de Censures, d'Exercitations, de Responces, & d'autres ouurages qui contrarient à quelques autres lesquels sont faits entre personnes de mesme nation, & de mesme langage, & souuent de mesme profession. Ie dy bien plus qu'il s'en peut faire entre personnes de mesme parenté, & il n'en faut point d'exemple meilleur, que ce qui s'est passé cette année entre deux freres, veu que c'est aussi sur le sujet des pierres; non pas sur leur vertu naturelle ou artificielle, à n'en point mentir, mais sur leur generation. Le sieur de Claues ayant fait imprimer ses Paradoxes, ou Traittez Philosophiques des pierres & pierreries, vn sien frere qui fait profession de la Medecine en Italie a escrit contre son opinion, & à nommé son liure, *Clauius An-*

ti-Clauius, sur quoy le sieur de Clauues témoignant la facilité de son esprit a desia fait vne replique qu'il nous fera voir biétost. Si deux personnes si proches peuuent entrer en dispute pour le fait des sciences, cela doit bien estre permis à ceux qui ne se connoissent que de nom. Il n'est pas besoin d'en chercher tant d'exemples. Monsieur Gaffarel en peut sçauoir assez, & ne trouuera pas nostre procedure si inouye que les Curiositez, puis qu'il nous monstre le chemin de la contradiction, & qu'il tasche de refuter les opinions non seulement des Anciens, mais aussi de quelques personnes qui viuent encore, & qui sont de la cónoissance. Ie puis bien parler de son ouurage de mesme qu'il parle de ceux des autres. Que si i'ay des opinions contraires aux siennes, cela est permis dans des sujets indifferens, & bien plus dans ceux-cy, veu que la Sorbonne a donné vn Arrest contre son liure. Ie ne fay que mon deuoir de ne pas suiure ce que cette saincte Societé n'approuue pas; & pource que le liure des Curiositez Inouyes, se treuue encore dans les Cabinets des hommes d'estude, & dans les boutiques des Libraires, & que plusieurs personnes qui n'auroient pas l'esprit assez fort pour resister à ses persuasions, y pourroient adiouster foy & y prendre des opinions preiudiciables à la verité, il n'est point hors de propos de le refuter. Il faut bien que l'Autheur supporte cela doucement, puis que nous le faisons sans aigreur. Nous auons bien souffert qu'il ait dit beaucoup de choses contre la verité sans luy témoigner aucune colere notable: Pourquoy ne souffrira-il pas maintenant que nous parlions pour la mesme verité qu'il a pris plaisir de desguiser? Nous le deliurons en cela de peine, car il estoit obligé en saine conscience de faire vn autre liure contraire au sien pour desabuser le peuple, dautant que ce n'est pas assez de s'estre retracté en Sorbonne, & d'auoir auoüé comme il a fait qu'il auoit escrit des choses rejettables & condamnables, si l'on ne met ordre que l'ouurage dont il s'agit ne se voye plus, ou si l'on n'en fait vn autre qui le destruise. L'on verra icy ce que i'ay tasché de faire sur ce suiet. S'il y a encore quelque autre subtilité à trouuer pour refuter quelques opinions, l'Auteur les pourra escrire luy mesme, comme estant maistre de son ouurage & en connoissant mieux les ressorts. Ie ne doute point qu'il n'ayt fait ce liure pour monstrer sa subtilité à deffendre vne mauuaife caufe, ainſi qu'il fait connoiſtre en pluſieurs endroits, & comme il a meſme fait entendre par ſa retractatió deuant la Sorbonne, où il declare que ce qu'il a eſcrit n'eſt qu'vne narration de ce qu'il a trouué dans les litres des Arabes & des Hebreux, ſans le vouloir donner pour choſe aſſeurée. Nous luy auoüons qu'il a monſtré la puiſſance de ſon eſprit, ſa grande lecture, ſa profonde erudition, & la connoiſſance qu'il a des langues Orientales; mais il eſt bien certain qu'il pouuoit entreprendre des ouurages qui euſſent eu plus d'aprobatió que celuy-cy; C'eſt pourquoy il ne doit point trouuer mauuais que l'on eſcriue contre, & ie ne deſire point auſſi de le faſcher, n'ayant autre deſſein que de ſeruir le public ſans offencer perſonne, & honorant ſur tout les hommes doêtes comme luy qui ayans fait par exercice d'esprit des ouurages où il y a quelque chose chose à redire, le reconnoissét les premiers, & se mōstrent capables d'en faire à l'auenir de plus excellens.

Du Tiltre du Liure & de l'Auertissement

IE veux parler icy d'abord du tiltre du liure de Monsieur Gaffarel, qui est de cette sorte, *Curiositez Inouyes, sur la Sculpture Talismanique des Persans, horoscope des Patriarches, & lecture des Estoilles.* Il veut respondre dans son aduertissement, à ceux qui s'estonneront de ce qu'il a appellé ces Curiositez, *Inouyes*, veu qu'il y a des Autheurs qui en ont parlé. Il dit que la plufpart eftoient inouyes aux Chreftiens, n'ayans efté traictées que par les Hebreux. Mais pour les figures faites fous certaines coftellations qui font le principal fuiet de fon liure, les peut-il faire paffer pour inconnuës, veu qu'il y a tant d'Autheurs modernes qui en ont parlé? Il fe fonde fur ce que le nom de Talifman n'eftoit pas connu. Il s'abufe en cela; Il n'y a point de perfonne curieufe qui ne l'ayt fceu; Scaliger & Saulmaife en ont parlé fuiuant fes allegations; Et ie monftreray des liures François qui ont precedé le fien, & mefmes quelques Romans qui en parlent, tefmoin celuy des Princes fortunez fait par Beroalde de Veruille où il eft fait mention du Talifman de la Canicule, de forte que ce n'eft pas vne chofe inouye. Quand l'on ignoreroit mefme le vray nom que les Arabes donnoient à ces figures, elles ne passeroiét point pour nouuelles, puis que l'on sçayt ce que c'est que la chose. Il y a quantité de compositions de medicamens, & d'autres artifices dont les Anciens se seruoient aussi bien que nous, qui auoient des noms que nous ne sçauons pas, & pourtant celuy qui en feroit la description seroit-il bien receu à les appeller des choses Inouyes? Ce n'est pas de verité pour ce sujet qu'il faut appeller les figures Astrologiques, des Curiositez Inoüyes, mais pource que nous n'auions pas ouy encore que l'on vouluft faire passer ces Curiositez pour des choses tres-certaines, & qu'encore ce fust vn Chrestien & vn Docteur qui l'entreprist.

Au mesme Auertissement l'Auteur dit que si l'on treuue estrange qu'vn Ecclesiastique comme luy ayr traicté vn sujet si hardy & si libre, il faut considerer que plusieurs de sa professiō ont auancé des choses plus libres & plus dangereuses. Il nomme Guillaume Euesque de Paris, & vn autre Euesque Albert le grand, Roger Bacon, Ioannes de Rupescissa tous deux Cordeliers, Ionctin, Augurel & Marsille Fircin Prestres, lesquels ont escrit quātité de choses superstitieuses & incroyables touchant l'Astrologie, les diuinations, & la vertu des pierres & des metaux ; Il dit aussi que l'Abbé Tritheme a mis au iour des inuocations d'Esprits ; Qu'auparauant tous ceux-cy Synesius Euesque Chrestien a escrit vn liure de l'interpretation des Songes, commenté apres par Nicephore vn autre Euesque de Constantinople ; Qu'il laisse à part les Visiōs estranges de l'Abé Ioachim & de Sauanarolle Moyne Dominicain, les Azolains du Cardinal Bembo, la Lucresse d'Eneas Siluius depuis fait Pape Pie, le liure remply de vilennies de Poggius Florentin, Secretaire Apostoiique, & l'histoire Macarronique sous le nom de Merlin Coccaj, faite par Theophile Fulengius Moyne Benedictin, & vne infinité d'autres auec lesquels si on confere son liure l'on trouuera que l'on ne le sçauroit blasmer qu'à tort.

Ie voudrois l'interroger là dessus s'il n'asseure pas dans son liure que les Sculptures Talismaniques ont des effects tres-certains : Il l'a presque tout employé à le prouuer, & cela estant, pourquoy tire-t'il sa comparaison de ceux qui ont escrit des choses plaines de superstition & d'erreur? Il semble qu'il auoüe que son liure est plein de choses inutiles, mais qu'elles ne le sont pas encore tant, ny si dommageables que celles qui sont traitées par les autres Ecclesiastiques qu'il allegue. S'il pouuoit tenir absolument le contraire, il ne deuroit point s'excuser de cela, car s'il est ainsi que l'on puisse faire des Talismant par vne voye toute naturelle & sans superstition, pour se garder d'estre piqué des scorpions & des autres bestes, pour chasser les insectes, & se garentir aussi de quelques maladies, tant s'en faut que l'on mette en balance si l'on les doit receuoir, qu'au contraire il s'y faut apliquer de toute sõ industrie, comme à vne chose tres-vtile. Mais puis que l'Autheur ne laisse pas de chercher des excuses sur la comparaison des liures encore plus vains, il faut croire qu'il s'est douté de la vanité du sien. Et il a ces sortes de comparaisons si en main, qu'en vn autre endroit du liure, il excuse encore les Rabbins de leurs resueries, sur ce que plusieurs Autheurs renommez ont escrit des choses ridicules sans estre repris, comme Homere qui s'est amusé à descrire la guerre des grenoüilles ; comme Isocrate qui a fait les loüanges de Busiris : Cardan celles de Neron, Lucian celles d'vne mouche & de la vie Parasitique, Erasmes celles de la follie, & quelques autres qui ont fait des Epitaphes & discours funebres pour des chiens, des chats, & des oyseaux, comme Ronsard, du Bellay, & plusieurs de nos Poëtes. Mais nous deuons considerer que si ces hommes fameux ont acquis de la reputation, ce n'est point par ces seules pieces. Il n'est pas deffendu aux Autheurs les plus serieux de faire des ouurages Comiques pour se recreer, & si l'on y trouue des choses qui choquent le sens & la raison, l'on ne s'en offence pas, pource que tels discours ne sont faits que par plaisir. Il n'y a point de comparaison de cela auec les liures des Rabbins qui traictent de la Religion & des choses qui appartiennent aux mœurs. S'il s'y trouue des absurditez, elles ne peuuent estre souffertes. Quant au liure que nous examinós, s'il ne contient que des curiositez vaines & non faisables, au lieu que l'on nous les veut faire passer pour tres certaines, ie ne croy pas qu'on le puisse excuser.

Du preminr Chapitre des Curiositez Inouyes, qui sert à monstrer qu'on a faussement imposé plusieurs choses aux Hebreux & au reste des Orientaux, qui ne furent iamais.

Avant que ce liure parle des sculptures Talismaniques, ce qui est son propre sujet, puis que son tiltre le porte, il y a deux gräds Chapitres qui ne parlét que des erreurs & des superstitions que l'on a attribuées aux Orientaux, & principalement aux Hebreux, afin de les en deffendre. Il monstre que les Iuifs ont esté injustement accusez d'auoir adoré des Astres, des ceps de vigne & des nuées. Pour ce qui est de cela, il est certain que c'est vne fausse calomnie inuentée par

la

la mechanceté ou l'ignorance de leurs ennemis. Quant aux Syriens qui ont esté accusez d'auoir adoré des Poissons; ie ne sçay pas comment l'on les en peut iustiffier, puis que l'on demeure d'accord qu'ils adoroient vne Idole, qui depuis la teste iusqu'à la ceinture auoit la forme humaine, & le reste finissoit en poisson.

Delà il passe aux Hebreux, qu'il veut excuser d'idolatrie. Il trouue mauuais que les Samaritains en ayent esté accusez pour auoir fabriqué des veaux d'or ; Il pretend qu'ayans fait vn estat separé sous Ieroboham, ce Prince ne leur deuoit point dóner d'autres marques de religion que celles de l'ancien Temple, & leur pouuoit permettre de fabriquer des veaux de mesme qu'il y en auoit deux à l'Arche d'Alliance, & que c'estoit la figure

L

des Cherubins; Qu'Aaron en auoit fait faire vn par le peuple suiuant l'exemplaire qui luy auoit esté mõstré à la montaigne de mesme qu'à Moyse & aux septante vieillards. Il croit que la premiere intention de Ieroboham & d'Aaron estoit bóne, & que si le peuple irrita Dieu, ce fut pour auoir adoré ces figures, & non pas pour les auoir faites; Que lors qu'Ezechiel & S. Iean virent par aprés la gloire de Dieu qui estoit Dieu mesme assis dans son throsne entre quatre Cherubins, l'vn auoit la figure d'vn homme, l'autre d'vn lyon, le troisiesme d'vn veau, & le quatriesme d'vn aygle, & qu'Aaron voulant contenter le peuple en l'absence de Moyse luy auoit permis de fabriquer vn veau, pour representer vn Cherubin, & que s'il auoit plustost choisi cette figure, c'estoit afin qu'estant plus absurde que les autres les enfans d'Israel ne fussent pas si enclins à l'adorer; Que Ieroboham voulant faire vn regne noùueau eust esté mauuais politique, s'il eust donné à ceux qui l'auoient suiuy d'autres representatiós de Diuinité auec vn autre culte, dont ils n'eussent iamais ouy parler.

Ces curiositez ne sont pas tout à fait inouyes. Il n'y a pas là vn seul mot qui ne soit tiré de Moncœius, qui en a fait vn liure entier intitulé, *Aaron purgatus, siue de vitulo Aureo; Simul Cheruborum Mosis, vitulorum Ieroboami, Theraphorũ Michæ*. Mais vn Theologien a fait vn autre liure contre celuy-là appellé, *Aaronis purgati, seu Pseudo Cherubi ex Aureo vitulo recens conflati destructio;* où il s'efforce de monstrer que les Cherubins de l'Arche auoient forme humaine, & que Moyse auoit choi-

L ij

si cette figure comme plus propre à representer la Diuinité. Mocœius n'est pas fondé comme cettuy-cy sur l'antiquité de l'opinion, & sur la croyance commune des Theologiés. Le liure des Curiositez Inouyes, ne rapporte point les raisons du Theologien qui a respondu à Moncœjus, & ne le cite pas seulement, en quoy il y a du deffaut ; & cela monstre que l'Autheur n'a soin que de faire approuuer ce qu'il allegue, & qu'il craindroit de n'estre pas suiuy, s'il rapportoit les raisons de ses aduersaires. Pour moy il me semble que quand mesme les Cherubins du Tabernacle auroient eu la forme de veaux, Aaron & Ieroboham n'auroient pas bien fait de fabriquer de tels animaux, pensans represéter ainsi la Majesté de Dieu, car ils n'auoient pas l'Arche qui accompagnoit les Cherubins, & seruoit à ce grand Mystere.

Les Hebreux sont apres deffendus d'auoir bruslé leurs enfans deuant l'idole de Moloc. L'Autheur pretend que ceux qui ont adoré cette idole, passoiét seulemét leurs enfans pardessus le feu, ce qui peut estre vray, mais si d'autres nations voysines les ont bruslez, quelques vns des Iuifs pourroient bien estre tombez aussi dans cette méchanceté.

Du second Chapitre, pour monstrer qu'on a estimé plusieurs chases ridicules & dangereuses dans les liures des Hebreux qui sont soustenues sans blasme par des Docteurs Chrestiens.

L'Autheur reconoist icy qu'encore que les Iuifs soient exempts des crimes d'impieté, d'idolastrie & de sorcellerie, l'on leur peut obiecter qu'ils aduácent dans leurs liures plusieurs resueries & absurditez. Toutefois il pretend que cela peut estre admis aussi bien que les liures des Poëtes où les hommes sont metamorphosez en des rochers, des Fleuues, & des Plantes, ou les pierres deuisent, les fleurs raisonnent & les arbres se plaignent. Mais quel auantage en tire-t'il, veu que tout cela est reputé pour fable. Veut-t'il que l'on donne le mesme nom à tout ce qu'ont escrit les Rabins. Voicy ce qu'il adiouste. Pourquoy, ce dit-il, *a-t'on receu les fables d'Esope qui donnent de la raison à tout ce qui est en la Nature iusqu'aux choses les plus insensibles? Que s'il faut tout dire: Pourquoy admet on aussi la Bible qui fait parler les forests, la vigne, & les buissons? Les bois s'en allerent, dit-elle, pour faire eslection d'vn Roy & dirent à l'Oliuier, commande sur nous, &c.* D'auoir allegué, l'exemple des fables d'Esope qui contiennent beaucoup de moralité, cela est assez suportable, mais de mettre apres celuy de la Saincte Escriture, comme si les liures des Rabins deuoiét estre fort aprouuez, puis qu'elle est receuë auec respect, il n'y a point

L iiij

de conformité de l'vn à l'autre. C'est en parler aussi fort indignement d'auoir dit cecy ; *Que s'il faut tout dire, pourquoy admet-on la Bible?* Veut-il poser en question s'il la faut admettre? Est-ce là ce grand secret d'esprit curieux, qui fait adiouster, *Que s'il faut tout dire?* Ie ne croy pas neantmoins que l'intention de l'Autheur soit mauuaise, mais il la faloit declarer autrement.

C'est en suite de cecy, qu'il dit que si les Hebreux s'estoient amusez à décrire la guerre des grenoüilles comme Homere, le Paranymphe d'vn Tyran comme Isocrate, les loüanges de l'Iniustice comme Fauorinus, celles de Neron comme Cardan, celles d'vn asne comme Apulée & Agrippa, celles d'vne mouche & de la vie parasitique comme Lucian, celles de la folie comme Erasme, l'on crieroit, aux foux & aux insensez ; ou bien s'ils auoient dressé des Epitaphes & fait des oraisons funebres sur la mort d'vn chat, d'vn singe, d'vn chien, d'vn asne, d'vne pie & d'vn pou, comme on fait des esprits capricieux d'Italie, l'on les chargeroit de la plus fine idolatrie qui fut iamais, & toutefois on ne dit mot de ceux-cy. Tout cela est sans aucun propos. Il est certain que si les Hebreux auoient fait ces mesmes ouurages dans des Traictez separez, ils n'en seroient pas blasmez non plus, pource que tout cela n'est fait que par plaisir. Mais s'ils auoient traicté ces choses parmy des matieres de pieté, il est vray qu'ils meriteroient d'en estre repris, & qu'ayant escrit d'autres absurditez, elles ne sont pas à souffrir. Leurs liures sont faits à dessein de parler serieusement de la Religion & des bonnes mœurs: C'est pourquoy la comparaison des liures prophanes qui ne sont faits que pour se donner du passe-temps, est entieremét inutile en cét endroit.

De dire qu'ils seroient encore fort blasmez s'ils auoient escrit des liures de Diuination & d'autres secrets comme celuy de Cochlenius, qui dit qu'apres qu'on est esueillé il faut ouurir vn Pseaume, & que la premiere lettre qui sera au commencement de la page, monstrera ce qui doit arriuer, comme si c'est A, que l'on sera de bonne volonté, B, que l'on aura puissance en guerre; C, D, tristesse & mort, & ainsi des autres; ou bien s'ils auoient fait ces liures qui enseignent par les lettres du nom si l'on doit viure long temps, Qui doit suruiure du mary ou de la femme, Qu'elles dignitez on doit posseder, de quelle mort on doit mourir. Qui doute que s'ils auoient fait cela, l'on ne les tinst pour des hommes vains & impertinents; mais où est-ce aussi que l'on estime ceux qui ont fait de tels ouurages? Ie ne pense pas que nostre Autheur croye qu'ils soient en grāde reputation, mais il ne laisse pas de rapporter leurs vaines inuentions, plutost pour monstrer qu'il sçayt toutes ces Curiositez que pour autre chose.

Il dit dauantage que les SS. Peres ont tenu qu'on pouuoit lire les liures des Philosophes Payens, qui la pluspart enseignent neantmoins la pluralité des Dieux, & quelques vns l'idolastrie, mais que ceux des Hebreux n'ont iamais esté accusez de ces crimes, & n'ont autre doctrine que celle du vray Dieu; desorte que les sçauans les peuuent bien lire, veu que l'on admet les autres à la naïueté des enfãs capables de toute croyance. Mais il me semble que toutes ces comparaisons sont encore inesgales, & que l'idolatrie des Philosophes, n'estant fondée que sur les fables Poëtiques, n'a point d'absurditez qui ne soient toutes euidentes, & dont il n'y a plus personne qui soit abusé tellement qu'elles ne sont pas si dangereuses que les resueries des Rabins qu'ils font couler sous vn pretexte de religion. A n'en point mentir il y a du libertinage dans quelques Autheurs payens, mais ce n'est pas dãs tous, & les impietez des Iuifs sõt biẽ plus odieuses, auec toutes les actions absurdes & indignes qu'ils attribuent à Dieu. C'est peu de chose de la grande Baleyne qu'ils disent que Dieu a tuée & sallée pour en faire vn festin à ses esleus au iour du Iugement, & de la création particuliere qu'ils asseurent qu'il fit de la Manne, de la verge de Moyse, & de l'asnesse de Balaam, du vermisseau dont Salomon se deuoit seruir pour fendre les pierres du Temple, & autres choses miraculeuses dont il se reserua l'ouurage sur le Vespre du Sabbath; Ils ont bien inuenté d'autres absurditez.

Quand à la durée du mōde qu'ils ont assignée iusqu'à six mille ans de mesme que Dieu a creé le monde en six iours, l'Autheur des Curiositez a trouué vn plaisant moyen de faire valoir cette opinion. Sur ce que l'on peut obietter que c'est vne erreur de vouloir chercher quand viendra la fin monde & d'en prescrire l'année puis que l'Escriture saincte dit que nous ne sçauons ny le iour ny l'heure, il répond, *Que ces sçauās hommes n'ont pas definy les iours, mais les ans.* En ce cas là l'on en pourroit sçauoir dauátage quíl séble que l'Escriture ne nous en veille aprendre, mais ie ne sçay pourquoy il a fait cette proposition, veu qu'il l'a ruine aussi tost, monstrant que l'on ne peut sçauoir quád finira le móde veu que l'ó ne peut sçauoir au vray le nombre des années qu'il a desia duré, tous les Chronologistes estás en discord sur ce poinct, dont il allegue les diuerses supputations.

Pour ce qui est du mespris que les Iuifs font du Sauueur du monde cela est assez manifeste, cóme sont aussi toutes les explications fausses & dommageables qu'ils donnent à tout ce qui est dans la Bible. Ie ne sçay pourquoy cét Autheur a entrepris de les deffendre. Il dit au commencement de son liure, *Que mettant en auann quelque doctrine nouuelle & inouye, pour l'authoriser dauantage il faut monst. er premiere-*

ment la probité de ceux qui l'ont trouuee, afin que la bonne opinion qu'on a d'eux oste le soupçon qu'on pourroit auoir de tout ce qu'ils enseignent; Que pour garentir ses Curiositez Inouyes de soupçon, il faut qu'il prenne le party des Orientaux, & principalement des Hebreux, qui en sont les Autheurs. Hé quoy donc, ce sont les Hebreux qui ont inuenté les Talismans ? Il faut bien qu'il le croye puis que pour venir à ce poinct, il traicte des figures qu'ils ont faites & de toute leur doctrine. Mais le veau d'or d'Aaron ny celuy de Ieroboam n'estoient point des figures Astrologiques. Quoy que les Hebreux ayent eu d'autres superstitions, ie ne pense pas qu'ils ayent inuenté celle-cy : C'est chez leurs voisins qu'il en faut chercher l'origine. Aussi le troisiesme Chapitre de ce liure attribue cette Sculpture aux Persans, tellement qu'il semble que tout ce qui a donc esté dit auparauant des Hebreux n'estoit aucunement à propos, comme en effect l'on s'en fust fort bien passé dans cette matiere des Talismans, mais l'on n'eust pas sceu que l'Autheur auoit leu Moncœius, *De Vitulo Aureo*, & le Talmud, auec quātité de liures curieux qu'il fait venir au sujet.

Du troisiesme Chapitre pour monstrer qu'à tort on blasme les Persans, & les curiositez de leur Magie, Sculpture & Astrologie.

L'Autheur veut iustifier les Persans, & les deffendre de la sorcellerie dont on les a accusez, laquelle on a dit qu'ils auoient aprise de Zoroastre, qui estoit Cham reputé pour tres meschant. Il remonstre que Zoroastre estoit autre que Cham, & que les Perses n'adoroiét point les Estoilles, mais se seruoient de leur consideration pour paruenir à la cognoissance de Dieu. Il n'y a guere d'Autheurs qui soient de cét aduis, & bien que les trois Mages qui suiuirent l'Estoille pour venir adorer Iesus-Christ ne

M

fussent pas ceux qui estoient adonnez à la superstition, cela n'excuse point les autres. Pource qui est des Cherubins de Laban & de Micha, qui sont pris pour des Statues, où Dieu permettroit que l'on sceust l'auenir comme dans l'Ephod, tous les Theologiens n'approuuent pas cecy. D'ailleurs cela ne fait rien pour authoriser les Talismans, car ny l'Ephod ny les Theraphins n'épruntoient pas leur vertu d'vne cóstellation, & l'on ne trouue pas, qu'il faloit qu'ils eussent esté fabriquez à vne heure choisie.

Afin de faire connoistre aprés que Dieu se sert de choses sensibles pour nous auertir de ce qui doit arriuer, le reste de ce Chapitre est employé à descrire quelques prodiges qui ont precedé les ruines & les grands changemens d'Estat, & la mort des personnnes illustres; mais parmy ces exemples il y en a beaucoup qui n'ont esté fondez que sur la crainte & l'imagination des personnes troublées, & quoy qu'il en soit cela ne prouue point la vertu des Talismans ny mesme celle des Theraphims, car ces auertissemens celestes sont extraordinaires, & ceux des Theraphins deuoient estre reglez. L'Autheur pretend que toutes les fois que l'on vouloit sçauoir l'auenir, il ne faloit que consulter les Theraphins; de mesme l'on tient que les Talismans agissent incessamment depuis qu'ils sont faits; mais quant aux prodiges qui apparoissent ce n'est que pour vn certain temps. Ils dependent aussi de la volonté de Dieu, de sorte que quand l'on les diroit encore plus estranges, l'on les pourroit croire, puis que tout est possible au Maistre souuerain. L'on remonſtrera que les Theraphims dependoient auſſi de ſa puiſſance, ce que l'on pourra accorder; mais quant aux Taliſmans dont il eſt queſtion l'on veut que leurs effets ſoient naturels, & qu'ils dependent des cauſes ſecódes. Encore que l'on monſtre donc qu'il ſe fait pluſieurs choſes ſurnaturelles, & que chacun y conſente, l'on ne prouue pas qu'il s'en puiſſe faire d'auſſi merueilleuſes par de ſimples agents naturels.

Du quatriasme Chapitre, pour faire voir qu'à faute d'entendre Aristote, on a condāné la puissance des figures, & conclud beaucoup de choses & cōtre ce Philosophe, & contre toute bonne Philosophie.

CE quatriesme Chapitre doit estre employé à donner quelques exemples des passages mal entendus dans les bons liures, mais ils ne sont pas fort importans, & ne sont point cause de tant d'erreurs que l'Autheur s'imagine. D'ailleurs c'est à sçauoir si chacun demeurera d'accord de son interpretation, & si les autres ne donneront pas d'aussi bonnes raisons de leur opinion que les siennes.

Tout ce qui eſt en ce lieu, n'eſt pas de noſtre fait. Ie ne veux parler que du paſſage des Politiques d'Ariſtote, où il fait mention de ces antiens guerriers à qui l'on donnoit autant de bagues qu'ils auoient obtenu de victoires. Il n'y a rien qui ne ſoit vray ſemblable en cecy, & cependant il pretend qu'il faut dire que l'on leur donnoit des lys, & que l'on a eſcrit, Κρίκων, qui ſignifie des bagues, au lieu de Κρίνων des lys. Mais ſurquoy ſe fonde-t'il ? Y a-t'il rien de plus fragile que des fleurs ? Les marques de victoire qu'euſſent eu ces guerriers n'euſſent guere duré. Il y a bien plus d'apparence que l'on leur donnoit des bagues qui ſe pouuoient garder. Repliquera-t'il que ces lys eſtoient faits de metal ? Cette antiquité n'a iamais eſté publiée. Dauantage à quoy bon cela ? N'eſt-il pas plus croyable que l'on leur donnoit des bagues pour les porter aux doigts, afin de feruir d'ornement à leurs mains qui auoient efté l'inftrument de leur valeur. Toutes les glofes & les traductions font d'accord de cecy, & fi quelque exemplaire grec porte le mot qui fignifie des lys, c'eft la faute des Efcriuains. Il ne fe fafche que de ce que l'on a corrigé cela au defauantage de l'antienneté des armes de France. C'eft ce qui le fait difputer feulement. Il veut auoir l'honneur d'auoir trouué vne antiquité fort curieufe touchant les fleurs de lys. Mais que peut-on inferer delà ? Si ces fleurs eftoiét les vrayes marques que les vaillans hommes portoient, ie ne penfe pas neantmoins que celles des François foient pareilles, car elles ne font prefque fleurs de lys que de nom, & il ne feroit point à propos de chercher l'origine de ces armes chez les anciens Grecs. Les Croniques les font venir d'vn plus digne lieu. Elles racontent qu'elles ont esté apportées du Ciel, bien que la saincte Ampoulle, & veulent que si nous n'en pouuons comprendre la figure, c'est que les choses celestes ne sont pas faciles à entendre, & sont faites par vn ordre tout differend de celuy des hommes.

Venons à nostre propre sujet. Voyons comment l'Autheur des Curiositez Inouyes, monstre enfin qu'à faute d'entendre Aristote, les Philosophes modernes ont condamné les figures Astrologiques ne tenant point leur pouuoir pour naturel. Il dit, que premierement on auance cette maxime, *Quantitas per se non agit.* Que la quantité d'elle mesme est morte, & ne peut agir; Ainsi vne pierre n'a garde de se remuer si on ne la remuë; Qu'il confesse que la quantité d'elle mesme ne peut rien, mais de vouloir par apres conclurre en ces termes: *Or est il que la figure est Quantité*, c'est ce que la Philosophie ne peut souffrir, & qu'il faut auoüer que la figure est Qualité. Que le texte d'Aristote porte que la Qualité est vne faculté ou facilité de faire quelque chose; Qu'y ayant quatre genres de qualitez à sçauoir, *Habitus & dispositio, patibilis qualitas & passio, potētia naturalis & impotētia, forma & figura*, il est tres-certain qu'elles sōt propres toutes à faire quelque chose, ou bien comme l'on parle, *ad agendum conducunt*, comme l'habitude à chanter, la disposition à sauter, & ainsi des autres que l'on entend assez dans les Categories, où la figure ne doit pas estre priuée de cette proprieté, n'eſtât pas moins que les autres; Qu'il eſt aſſeuré qu'vn bois carré ne roule pas ſi toſt qu'vn rond, ny vn fer émouſſé ne penetrera pas ſi facilement qu'vn aigu, & que c'eſt la figure qui fait que l'vn roule & l'autre penetre.

S'il n'y a point d'autres preuues pour noſtre ſujet, ce n'eſt pas grand choſe. I'auoüé que la figure peut ſeruir dás le Taliſman, mais à quoy ſera-t'il propre? S'il eſt rond & qu'il ſe preſente vn trou de ſon qualibre, ie croy qu'il le pourra boucher; Qu'il ſera auſſi capable de rouler & rien dauantage; car de dire qu'il chaſſe les animaux venimeux & gueriſſe les maladies, comment preuuera-t'on qu'il ayt cette proprieté à cauſe de ſa figure? Ce deuroit eſtre à cauſe d'vne autre qualité que l'on appelle *Puiſſance naturelle*, comme celle de quelques plantes & de quelques drogues qui font fuyr de certains animaux. Il ne faut pas confondre ainſi ce qui eſt propre à chaque qualité ; Au lieu que ce chapitre ſembloit deuoir reſtaurer la Philoſophie, il la veut ruiner & la confondre. Il faut prendre garde à ne s'y point laiſſer abuſer, car c'eſt là que noſtre ouurier mettoit le fondement de ſon edifice. Mais ſi l'on peut comprendre cecy, l'on en reconnoiſtra dés maintenãt les deffaux, & quand l'on ſe contenteroit de le ſapper par là, toute ſa machine ſeroit abbatuë. Neantmoins il faut auoir le plaiſir de la deffaire piece à piece, afin que l'on ne croye point qu'aucune choſe de ce qu'il a eſtably puiſſe ſubſiſter, & pour eſtre auſſi inſtruit ſur toutes les occurrences.

Du cinquiesme Chapitre où sont les preuues de la puissance des Images artificielles, par les naturelles empraintes aux pierres, & aux plantes appellees vulgairement, GAMA-HÉ, ou CAMAIEV, & SIGNATVRE.

Dans le cinquiesme, l'Autheur pense prouuer la puissance des Images artificielles par les naturelles empraintes aux pierres, aux plantes, & aux membres des animaux, appellees Gamahez ou Camajeux. Il cherche premierement l'origine de ces mots, & veut que *Gamahé* vienne de *Camajeu*, mais puis qu'Albert le grand vse du mot de Gamahé, ie pense qu'il est bien plus ancien que Camajeu; De dire l'origine de l'vn & l'autre mot, ie pense qu'elle est fort incertaine; Arrestons-nous à la chose. Il est vray que l'on treuue de ces pierres figurées en beaucoup de lieux, soit qu'elles soient percées à iour, ou releuées en bosse, ou tracées en maniere de peinture; mais bien souuent il y a du deffaut en ce qu'elles representent, tellement que les ouuriers y adiouftent quelque chose. L'on en a pû faire aussi par artifice, quoy que l'Autheur se moque de Cardan, qui ne peut croire que l'Agathe de Pyrrhus fust naturelle, les neuf Muses y estans representées qui dançoient, richemét habillées, auec Apollon au milieu, qui ioüoit de la harpe ; & qui dit qu'il faloit qu'vn Peintre long-temps auparauant eust depeint cela sur vn marbre, & que par hazard ou par duinastrie céte pierre eust esté enfouyelieu où les pierres Agathes sont engendrées, ce qui fut cause que le marbre se conuertit en agathe, retenant tous les mesmes lineamens qui y estoient tracez. *Plaisante inuention,* dit nostre Autheur, *mais qu'eust-il dit s'il eust veu ce que Mōsieur de Breues a obserué d'vn Crucifix representé à vn marbre à S. Georges de Venise où l'on recōnoist les clouds, les playes, & les gouttes de sang?* Le mesme Seigneur n'auoit pas pris garde encor, ou auoit oublié de raporter cet autre Gamahé ou figure purement naturelle, qu'on void d'vne teste de mort contre vn Autel de marbre iaspé, qui est dans la mesme Eglise. Qu'eust dit Cardan de cela? Il deuoit répondre, à mon auis, que voila vn mauuais argument, *à minori ad majus*, & qu'il y a bien loin de dix figures comme celles de l'agathe de Pyrrhus à vne seule, comme celle d'vn Crucifix, ou vne simple teſte de mort. Vn ſi grād nombre de perſónages diſtincts eſt bien plus difficile à trouuer. L'opinion de Cardan n'eſt pas tant digne de riſée ; A tout le moins il monſtre que les Gamahez peuuent eſtre contrefaits. Puis que l'on contrefait bien les marbres, les porphires, les turquoiſes, les opales, & les agathes, pourquoy n'y fera-t'on pas auſſi telles figures que l'on voudra, afin de les rendre plus eſtimables? Que ſçayt-on ſi l'agathe de Pyrrhus n'eſtoit point quelque eſmail dont l'artifice n'eſtoit pas connu de chacun. Toutefois ie veux bien que les figures qu'elle portoit fuſſent naturelles comme ſont celles de ces marbres que l'on void à Veniſe, & de beaucoup d'autres pierres que l'Autheur des Curioſitez allegue, mais ie ne ſçay ce qu'il pretend de nous prouuer par ce long recit. De dire que ces figures sont ordonnées exprés par les Astres, c'est trop de superstition. Il en est donc de mesme de toutes les figures qui arriuent à toute sorte de matieres. Vn planché qui s'vse & qui se blanchit ou se noircit inegalement, vne muraille diuersement tachée, & mille autres choses representent quelques figures : Cela vient-il de la puissance des Astres? Quand cela seroit, nous nous y tromperions bien, car les Astres y veullent peut-estre dépeindre des choses que nous ne remarquôs pas, & celles que nous pensons y estre representees, ne dependent que de nostre fantaisie. Il n'y a donc point d'aparence que ce qui arriue aux pierres de cette sorte, soit fait pour auoir quelque pouuoir.

Quant aux plantes elles n'ont pas aussi toutes les figures que l'on leur

leur attribuë, & ne gueriſſent pas quelques parties du corps, parce qu'elles leur reſſemblent. Quelques vns ſe ſont eſtudiez à trouuer ces reſſemblances cóme Baptiſte Porta & Crollius, mais ils en rapportent de fort diſſéblables. Peut-eſtre ſe trouue-t'il quelque herbe, fleur, ou fruict qui ont du rapport auec quelque partie du corps qu'ils gueriſſent, mais ce n'eſt qu'vne rencótre, & il ne faut pas croire pourtant qu'il s'en treuue de meſme par tout. C'eſt vn abus de vouloir que la reſſemblance ſoit generalle, & de la reduire meſme par ordre d'Alphabet comme vn Dictionnaire, ainſi qu'on void en quelques liures ; Et quelques figures qu'il y ayt aux pierres, il n'y a aucune raiſon de dire que cette figure ſoit capable de guerir quelque mal. Il eſt vray que la figure ſert à quelques operations, estant iointe à la massiueté & dureté, comme lors qu'il est question de percer quelque chose, ce que le fer fera facilement à cause de sa pointe, mais il n'est pas besoin de la figure de la plante dont l'on a tiré vn remede; Il n'est besoin que de ses qualitez, chaleur ou froideur, secheresse ou humidité. Quant à la pierre faite en Scorpion qui guerit les morsures de cette beste, parce qu'elle en attire les qualitez, c'est vne pure resuerie, comme aussi de dire que si cette pierre eust trouué quelque nourriture ou quelque humeur conuenable à celle d'vn Scorpion en vie, elle eust esté vn Scorpion viuant.

Les formes exterieures que l'on peut tirer de la cendre des plantes par vne lesciue, comme se vantent plusieurs Chymistes, ne témoignét pas nó plus que leur puissance procede de leur figure, ny celles que l'on promet de faire paroiſtre dans vne phyole. Noſtre texte du Traicté des Taliſmans monſtre facilement le contraire de tout cecy. D'ailleurs il faut remarquer que toutes ces inuentions Chymiques ne ſont pas ſi certaines que l'on n'en puiſſe douter. Du Cheſne ſieur de la Violette a eſté le premier qui a eſcrit cecy dans ſon liure, *De Hermetica Medecina*, rapportant qu'il auoit connu vn Medecin de Cracouie qui gardoit la cendre de pluſieurs plantes dans des phyoles auec des eſcriteaux deſſus, pource que l'on ne les reconnoiſſoit point eſtans en cét eſtat; que quand il vouloit, il prenoit celle du roſier, & la mettant ſur vne chandelle, l'on voyoit petit à petit des branches & des fueilles & vne roſe, & que quand le vaſe eſtoit retiré du feu cette figure ſe perdoit insenfiblement. Il faut fe rapporter de cecy à la bonne foy du fieur de la Violette. Neátmoins entre ceux qui s'entendent au meftier, les vns difent que cela n'eft pas faifable, & les autres que fi cela l'eft, c'eft par vne autre voye que celle qu'il pretend de monftrer dans fon liure. Il eft vray qu'il y en a eu qui fe font vátez de pouuoir faire la mefme chofe, cóme de verité, ayans tiré l'huyle d'vne plante, il en parut vne fois quelque figure, mais l'on tient que cela fe fit par hafard, & que iamais cela ne s'eft pû faire depuis. Si quelqu'vn fe vante de fçauoir ce fecret, que n'en monftre-t'il des efpreuues? Il deuroit auoir gardé des phyoles pleines de cendres, comme le Medecin Polonois. La longueur & la difficulté de l'operation font les excufes ordinaires, mais tant que l'on en fera là deffus, nous ne fommes pas obligez d'y adiouster foy. Quāt aux figures qui paroissent dans la lesciue glacée qui a esté faite du sel des plantes, si l'Autheur des Curiositez auoit bien leu les œuures du sieur du Chesne, il auroit veu que ce ne fut pas luy qui trouua ce secret, mais le sieur de Formentieres, au lieu qu'il dit tout le contraire. Il n'importe pour ce mesconte, cela n'empesche point que cela ne soit faisable; mais quelque verité que l'ó y trouue, & quand l'on pourroit aussi conseruer dans vne phyole, la figure, & la couleur des herbes & des fleurs, cela ne monstre point que la figure serue à la guerison, car si l'eau ou l'huyle d'vne plante sont appliquées sur vn mal, la forme exterieure s'est desia perduë en les faisant, puis que l'on n'a pas conseruè l'esprit qui la gardoit. Quand l'on veut conseruer cela, il faut vser d'autres moyens; & tenir les phyoles biē bouchées, sans en riē tirer. Au contraire si l'on veut faire quelque remede, il faut l'oster du vaisseau apres qu'il est fait, & le mettre à l'air necessairement pour en faire l'application, tellement que cet esprit qui conserue la figure exterieure doit se dissiper, & c'est en vain que Monsieur Gaffarel pense monstrer par là que la forme & la figure demeurent tousiours aux plantes, & qu'elles seruent à la guerison.

Les ombres semblables aux corps qui paroissent quelquefois dans les cimetieres & aux lieux où il s'est doné vne grāde bataille, ne fōt rien encore à ce sujet. Leur exemple ne mōstre autre chose, sinon que l'Auteur des Curiositez Inouyes, sçait bien toutes les merueilles naturelles, que certains Autheurs rapportent pour faire croire qu'il ne se fait rien de surnaturel ; Et sur ce propos il parle encore des effets de la mumie, à qui Paracelse attribuë vne force magnetique, & dit que c'est par elle qu'il se fait des miracles auprés des tombeaux de ceux qu'on appelle Sainćts. Ces resueries contraires à la croyance des bons Chrestiens & Catholiques, doiuent estre estouffees. Il n'estoit pas grand besoin d'en parler pour authoriser la force des Gamahez.

Quant aux figures bigearres qui se trouuét au poil des cheuaux, des chiens & des chats, cela peut venir quelquefois de la fantaisie des autres animaux qui les ont produits, lesquels se sont représenté quelques meslanges de couleur, ou bien cela vient de la nature de la semence; mais quant aux taches que les creatures humaines apportent du ventre de leur mere, il est certain qu'elles procedent de l'imagination que la mere a euë. Toutefois ie ne voy point à quoy cela peut seruir de raporter tout cela, pour monstrer que les Gamahez ont quelque pouuoir, si ce n'est pour signifier que les Astres sont animez, & que tout ce qu'ils se representent dans leur entendement, ils le forment aux pierres qui sont alors produites, de mesmes que les femmes font sur leur fruict, mais si nous croyons cela, nous seront & trop & facile à persuader.

Pour ce qui est des poissós monstrueux qui portét caracteres, chifres & especes d'armes, telles qu'on les figuroit il y a quelques ans sur vn poisson de la mer Adriatique, dont l'on vendoit le portraict à Paris, l'Auteur des Curiositez fait bien de reconnoistre que cette figure estoit fort corrópuë, mais il feroit mieux de croire qu'elle eſtoit entierement imaginaire. Il y auoit des canons, & des halebardes ſur ſon dos, & autres vſtenciles, qui monſtroient que cela auoit eſté fait à plaiſir. L'on inuente tous les iours quelque choſe de pareil dás cette grande ville pour attraper de l'argent, & pour amuſer le peuple. Ceux qui liſent les petits liures du Pont neuf ſçauent bien qu'en dire. Au reſte quoy qu'il ſe treuue de vrays monſtres, ſoit dans la mer, ſoit ſur la terre, tout ce que l'on en pourroit inferer, feroit que cela aduiendroit par permiſſion diuine, & que cela ſignifieroit quelque choſe par reſſemblance; mais cela preuue-t'il pourtant que des pierres que l'on a eſté chercher au fonds de la terre, guriſſent quelque mal à cauſee de quelque figure qu'elles ont? Ie diray plutoft que cela ne fignifiera que du mal, ainfi qu'il faut croire des monftres; mais il n'en faut point auoir d'aprehenfion: Car à qui attribueroit-on ce mal ? Seroit-ce à celuy qui auroit trouué la pierre, & qui l'auroit coupée, ou à celuy qui la garderoit? Ce n'eft ny pour l'vn, ny pour l'autre. Ces figures viennent des diuers meflanges de la matiere, & de la diuerfité d'action de la chaleur ou de la froideur. De demander pourquoy la Nature a fait cela de cette forte, & le vouloir rechercher, c'eft vne vaine curiofité. Si cela eftoit d'autre forte, l'on feroit la mefme demande. Il faut bien que cela foit ou d'vne façon ou d'vne autre. En quelques endroits les matieres fe meflent reglement; En d'autres il y a de la bigearrerie, & l'action exterieure eft égale ou inégale. L'on ne doit donc tirer aucune coniecture de la ressemblance que cela peut auoir à quelque corps ou à quelque membre, & si ces Gamahez n'ont aucun pouuoir, il n'en faut pas donner dauantage aux Talismans qui sont les figures artificielles ; Neantmoins voyons ce qui en est dit au Chapitre suiuant.

Du sixiesme Chapitre ; Pour faire voir qu'õ peut dresser selon les Oriẽtaux des figures & des images sous certaines constellations, qui pourront naturellement & sans l'ayde des Demons, chasser les bestes dommageables, destourner les vents, foudres, & tempestes, & guarir plusieurs maladies.

OVtre ces longs tiltres, le liure des Curiositez Inouyes a encore des Sommaires au dessous de chaque Chapitre par petits articles, lesquels semblét estre fort specieux, & promettent de si grandes choses qu'à les voir simplement plusieurs croiroient que l'Autheur a trouué les plus gráds & les plus subtils secrets qui soient au monde, & que chacun se doit addonner desormais à faire des Talismans pour obtenir toutes les commoditez de la vie. Mais si l'on examine de prés ce qui est contenu dans chaque Chapitre, l'on verra que ce ne sont que des opinions mal fondées, & que le plus souuent ce qui a esté promis dans le Tiltre, n'est pas executé.

Pource qui est de ce lieu ; le premier tiltre du Sommaire parle de la vanité intolerable de quelques demy sçauans, surquoy l'on attend de grandes choses ; mais ils ne sont point nommez ny designez, ny cette vanité bien expliquée. Il rapporte seulement que Galeottus a esté traicté en faquin, Camille en Athee ; Qu'il a autrefois ouy d'vn homme que Marsille Ficin n'a rien compris à la doctrine de Platon, ny Auicenne à celle d'Aristote, & que les esprits de ce temps sont bien autrement esueillez que tous ceux du passé.

Peut-estre que celuy qui mesprisoit ainsi l'Antiquité ne sçauoit ce qu'il vouloit dire, & n'estoit ny sçauant ny demy sçauant; Peut-estre aussi estoit-il capable de rendre de bonnes raisons de ce qu'il disoit. S'il estoit ignorant, il n'en faut pas tenir cópte, mais s'il estoit sçauant il ne se faut pas plaindre de ce qu'il proposoit. Toutefois ne nous armós point pour la deffense de Marsille Ficin ny d'Auicenne : L'Auteur ne les allegue que pour accompagner Galeottus & Camille, qui ont parlé des Sculptures Astrologiques, mais ie luy declare que si l'on a blasmé ceux-cy, ce n'est point sans sujet; puis qu'ils se sont adonnez à de telles superstitions. Ie croy aussi qu'Auicenne & Marsille Ficin ont bien pû expliquer, l'vn Aristote & l'autre Platō, mais cela n'empesche pas qu'on n'y trouue encore quelque finesse dõt ils ne se doutoient pas. D'autre part si l'on les mesestime pour quelques erreurs qu'ils ont euës, l'on a raison de le faire, comme il remonstre luy-mesme ailleurs, tellement que ie ne sçay pourquoy il trouue qu'il y ayt vne vanité insuportable à iuger ainsi de toutes ces sortes de personnes.

La recherche de l'origine du mot de Talisman est incontinent proposée auec la censure de Saulmaise qui a tansé en passant Scaliger de n'auoir pas pris garde que Talisman venoit du mot Grec τελέσμα, *hoc est*, dit-il, τετελεσμένον τι *vt sunt* τετελέσμενοι *annuli*. De verité comment pourra-t'on prouuer que *Talisman* vient de τελέσμα, & non pas cestuy-cy de l'autre. I'approuue ce qu'il en dit, mais il deuoit encore adiouster que si ces mots ne signifient que *perfection*, ou, *chose parfaicte*, cette perfectió ne doit point estre attribuée plutost à des anneaux qu'à autre chose, tellement qu'encore qu'vn mot signifie perfection, l'on n'est pas obligé de croire que celuy qui signifie vne figure en vne autre langue en soit descendu. Ie sçay bien que l'on veut dire que les figures constellees se faisoient d'ordinaire sur des anneaux, mais il faudroit donc que Talisman vint d'vn mot Grec qui signifiast absolument *anneau*, & τελίσμα ne le signifie point. Ie croy que l'on auroit pour le moins autant de raison de dire que, *Talisman*, viendroit du mot Latin, *Talis*, pource que l'on pretend que ces figures Astrologiques sont *Telles*, que les Astres mesmes, tout leur pouuoir estant fondé sur dé sur la ressemblance. Cette Ethimologie semble estre meilleure qu'aucune autre & plus significatiue, mais puis que Talisman est vn mot Arabe, elle n'est point receuable, dautant que l'Arabe ne vient pas du Latin. L'on ne l'a doit alleguer aussi, que pour monstrer le rapport que peut auoir ce mot auec les autres langues, & c'est en cette maniere que i'en parle.

Aprés que l'Autheur des Curiositez Talismaniques a recherché l'origine de leur nom, il remonstre que lors qu'il parlera des figures, ce ne sera pas de celles qui sont signifiées par *Maguen* en Hebreu, qui n'est qu'vn papier ou autre matiere où l'on a tracé des caracteres, à peu prés comme les tables ou escussons qui sont dans Agrippa, & qu'il se mocque de ces reueries inuentées par quelque ignorant Cabaliste. Ie m'estône de ce qu'il blasme ces tables, car puis qu'elles sont faites sous certaines constellations, elles peuuent passer pour Talismás aussi bien que les figures. Elles ont esté confonduës ensemble dans nostre traicté. Il est vray qu'Agrippa y ioint des caracteres magiques, & entend que l'on obserue quelques ceremonies ce que nous auons desia remarqué, mais nostre Auteur ne specifie point cecy.

Il dit encore qu'il ne parlera pas des Images de cire que les sorciers baptisent au nom de Belzebut, & que la plus grâde partie de ce qu'en ont escrit les Demonographes ne sont que pures fables. Ie ne sçay s'il veut dire qu'il ne croid point que les Sorciers operêt quelque chose par là, mais si ces Images n'ôt point d'effect mesme auec l'ayde des Demons, comment celles qui sont seulement faites sous certaine constellation pourront-elles operer?

Il veut prouuer en suite la puissance de ces images par trois voyes, par l'Influence des Astres, par la vertu de la ressemblance, & par l'experience. Il commence par celle-cy. Il dit qu'on ne sçauroit nyer que de nos iours & de ceux de nos peres, on a veu des Talismans guerir des morsures de serpens & de chiens enragez. Nous attendons apres cela de grāds exemples: mais il n'en cite aucun; Aussi n'en auons nous iamais ouy parler. Il met immediatement aprés, que les Antiens Arabes comme Almansor, Messahallah, Zahel, Albohazen, & autres en apportent des exemples tres-veritables. Cela ne nous satisfait guere: Les noms & les escrits, la probité & le sçauoir de ces gens-là nous sont inconnus. Il dit qu'Haly promet que si on fait l'image d'vn Scorpion lors que la Lune est dans ce Signe, cela sera de grande efficace, & que cet Arabe asseure qu'estant en Egypte il toucha vn de ces images de Scorpion qui guerissoit ceux qui estoient mordus par ceste beste. Ce n'est pas en auoir veu les effects que de l'auoir simplement touché, & de croire sur vn ouy-dire.

Pour nous donner des exemples plus proches, il cite Gregoire de Tours, qui rapporte à ce qu'il dit; *Que comme on creusoit les ponts de Paris on trouua vne piece de cuiure en laquelle on voyoit la figure d'vn rat, d'vn serpent & d'vn feu, mais qu'estant negligée & parauenture rompuë ou gastée, on vid peu de temps apres vn grand nōbre de serpens & de rats, & on en void encore quantité, & nous regrettons tous les iours les dommages que le feu a du depuis si souuent fait dans cette* ville, & auparauant la defcouuerture de cette lame merueilleufe, tous ces malheurs y eſtoient inconnus. C'eſt en ces termes que le liure des Curioſitez Inouyes parle de cette remarque. L'on a veu dans noſtre Traicté que ce n'eſtoit que le peuple qui s'imaginoit que ce fuſt là vn enchantement pour la ville, comme témoignent, Faucher, Du Pleix & les autres Hiſtoriens, & ie l'ay mis auſſi de la mefme façon dans mon Hiſtoire, *De la Monarchie Françoiſe.* Qu'au reſte cette lame ne pouuoit garder du feu, & qu'on ne ſçayt ce que c'eſt à Paris, de ces rats & de ces ſerpens. Or il faut prendre garde icy à l'artifice de l'eſcriuain qui n'ayant autre preuue domeſtique que celle-cy, l'a voulu faire valoir extremement. Tous nos Hiſtoriens tiennent que cette lame portoit la figure d'vn rat d'eau, mais cet

O iij

homme cy ne l'a pas voulu mettre. Il a mis vn rat simplement, & dit qu'aprés que la lame fut gastée, l'on en vid grand nóbre & qu'on en voit encore quantité : C'est afin de faire croire que si l'on en trouue à Paris, c'est pource que l'on a negligé cette lame. Il est vray qu'il y a beaucoup de rats & de souris dans cette grand' ville, mais il n'y a point de ville où il n'y en ayt, puis que ce sót des animaux qui s'engendrent des ordures des maisons, & qui pullullent extremement. Quand l'on falsifie vn texte pour rendre sa cause plus forte, c'est signe que l'on s'en deffie tout à fait. Au lieu de parler simplement d'vn rat, il faloit dire vn Loir ou rat d'eau. Ie pense qu'il n'a iamais leu Gregoire de Tours, encore qu'il le cite. S'il l'auoit leu, il sçauroit qu'il parle de *Glis*, c'est à dire, vn gliron, loir, ou rat d'eau. Que s'il l'a leu, & s'il fçayt bien cela, il croid donc que nous ne le lirons iamais, ou que perſonne n'entend le Latin que luy, mais toutes les traductions s'accordent à cecy & nous n'y ferons point trópez. S'il eſt ainſi que l'on trouua la figure d'vn loir, ſoit qu'elle fuſt grauée ſur vne lame, ou taillée en boſſe, cela ne deuoit pas pourtãt ſeruir à grand choſe; Et ſi apres que la figure fut oſtée l'on vid à Paris de tels animaux, c'eſt qu'il y en auoit deſia eu auparauant, à cauſe que le lieu eſtoit en ce tẽps-là fort aquatique; mais il arriua qu'il y en eut alors dauantage pour quelque diſpoſition du temps qui s'y accorda. Or ſelon les regles de noſtre Autheur, l'on deuroit encore voir à Paris de ces rats-d'eau, mais l'on dira que les grãds marais qui eſtoiẽt aux enuirons ayans eſté comblez, l'on n'a eu garde d'en voir depuis, bien que l'on ne ce soit pas seruy de Talisman pour les chasser. Toutefois si c'estoit vne espece de fatalité qu'il y en eust tousiours, l'on en deuroit encore voir maintenant grãde quantité dans la riuiere de Seine. Pour ce qui est de la figure du feu, les Historiens ne declarent pas qu'elle fust auec les autres; Ils ne parlét que de celle d'vn loir & d'vn serpent, & disent seulement que l'on croyoit que la ville fust enchantée contre ces animaux & contre le feu, mais i'ay desia monstré dans mon liure, que cela ne se peut faire par le moyé des Talismans. Il n'y a donc aucune certitude en cet exemple que les Historiés ne raportét point aussi côme veritable, mais comme fondé sur l'opinion du vulgaire. D'ailleurs ayant esté falsifié, il en doit estre plutost rejetté.

Pource qui eſt des exemples des Grecs qui ſont cottez aprés, peut-eſtre prouueront-ils qu'ils ſe ſont ſeruis de Taliſmans, non pas que ce ſoit auec effect. Tous ces anciens peuples ſe ſont abuſez, attribuant à vne choſe ce qui deuoit eſtre attribué à l'autre: Ils ne prenoient pas garde à la conſtitution du temps & à toutes les circonſtances.

L'Autheur declare encore qu'il penſe que les Dieux des Latins qu'ó appelloit *Auerruncj*, ou, *Tutelares* n'eſtoient autres que ces images Taliſmaniques, & que quelques Hiſtoriens aſſeurét qu'elles eſtoient faites ſous certaines conſtellations. Qui ſont ces Hiſtoriens? S'il en ſçauoit quelqu'vn, il ne manqueroit pas à le nommer. Il dit que les figures qui eſtoiét à la prouë des Nauires eſtoient des Taliſmans. Ces figures eſtoient faites pour diſtinguer les vaisseaux ou pour les embellir. Ie veux mesme que ce fussent des idoles que les Payens honorassent, mais elles n'estoient point faites par vn choix de temps, & quand' cela seroit que pretendroit inferer delà nostre Escriuain, sinon que plusieurs ont voulu auoir des Talismans? Ce n'est pas là ce qu'il auoit promis: Il nous deuoit donner des experiences. Les resueries de la pierre Bracten que les Turcs croyent auoir seruy de lict à Abraham lors qu'il eut connoissance de sa chambriere, sont indignes d'obtenir aucune creance parmy nous. Quant à ce qu'il veut móstrer que le serpent d'airain dressé par Moyse, n'estoit point vn Talisman qui guerissoit la morsure des serpens, ny le veau d'or vn autre pour destourner les influéces de Mars & du Scorpion qui estoient contraires aux Iuifs, il a raison de vouloir combattre ces erreurs que Marsille Ficin a eu tort de suiure : Mais qu'eſt-ce que cela fait pour monſtrer que l'on s'eſt ſeruy de Taliſmans? Cela monſtre le côtraire, ſpecialement en ce qui eſt des Iuifs. Il ne conſidere pas qu'il allegue des choſes inutiles pour ſon ſujet, & que tout cela n'eſt qu'vn lieu commun de diuerſes remarques, au lieu des preuues qu'il auoit promiſes.

Il fait bien d'auoüer que quelques vns de ces Taliſmans que l'on trouue encore n'ont aucun effect. Il croid que leur puiſſance n'a qu'vne certaine durée, & par ce moyen ſi l'on luy objette que ceux que les ſieurs du Val & de Pereſc luy ont monſtré dans leur cabinet, & ceux que gardent pluſieurs autres perſonnes curieuſes n'ont aucune force, il a ſon excuſe preſte ſur leur antiquité. Mais ie croy qu'ils n'ont iamais eu plus de pouuoir, & qu'entre ceux qui ne sont pas si vieux, l'on n'en treuue pas qui ayent de l'efficace. Toutefois il prend à tesmoin celuy que rapporte le Cosmographe cité par Scaliger le fils. Le Talisman se void aux contrées de Hampts dans la ville de mesme nom, & n'est autre chose que la figure d'vn Scorpion grauée sur l'vne des pierres d'vne Tour, qui a cette puissance de ne laisser entrer dans la ville aucun serpent ou scorpion, & si par plaisir on y en apporte quelqu'vn des champs, ils ne sont pas plutost à la porte qu'ils meurent foudainement. Cette figure a encore cette vertu que lors que l'on est piqué de quelque scorpion ou mordu de quelque serpent, il ne faut qu'imprimer l'image de la pierre auec de l'argille & l'appliquer sur le mal qui est guery en mesme temps. Ie dy là deſſus qu'encore que Scaliger raporte cela, & que l'on defere beaucoup à cet homme que l'on met au rang des plus ſçauants, nous ne ſommes pas obligez de croire ce qui eſt fondé ſur le rapport d'vn Arabe, qui veut faire eſtimer ſes eſcrits par cette merueille.

Monſieur Gaffarel dit que ſi on ne veut croire ce Coſmographe qu'on croye Monſieur de Breues comme témoin oculaire, qui dit en la relation de ſes voyages, qu'en Tripoly de Syrie, dans le mur qui ioint la porte de la marine, il y a vne pierre taillée en figure de ſcorpion qui chaſſe les beſtes venimeuſes de ce lieu. Pour moy, ie diray que le lieu n'y doit point eſtre ſujet, pour quelque cauſe cachée, encore qu'il y en ayt à tous les enuirons, & que quand cette pierre n'y ſeroit point, il ne laiſſeroit pas d'en eſtre exempt. poséque le lieu doiue estre sujet aux bestes venimeuses, Monsieur de Breues dit aussi que c'est vn Magicien qui a mis là cette pierre, & que c'est vne pierre enchantée, mais nostre Auteur dit qu'il ne parle que selon le sentiment des habitans qui n'en sçauent pas la raison naturelle. Il nous veut faire croire cela, mais nous monstrons en tous ces discours cy qu'il n'y a point de raison naturelle pour cet effect. C'est en vain qu'il rapporte encore qu'il y a eu force Talismans à Constantinople, & mesme qu'il y en a eu en France du temps des Druydes; Que ceux de Paracelse & de quelques autres ont du pouuoir pour se preseruer de plusieurs maladies; Tout cela n'a aucune certitude.

La deuxiesme voye qu'il s'est proposé de suiure pour mostrer la puissance de ces figures, est le pouuoir

& la vertu de la reſſemblance qu'il y a entre le ſcorpion & ſon image, & la conſtellation de cet animal, ce qu'il veut prouuer par induction de la puiſſance que la ſeule reſſemblãce produit dãs tous les arts & ſciences. Ce procedé eſt ſi eſtrange en beaucoup d'endroits, que ie n'en ay point voulu parler entre les deffenſes que i'ay rapportées pour les Taliſmans dans mon Traicté particulier, de meſme que ie me ſuis teu de l'argument pris des quatres genres de qualité, *qui ad agendũ cõducunt*, pour prouuer que les figures agiſſent, où il n'y a que de fauſſes ſubtilitez, & de l'exemple des Ombres des morts, & de quantité de prodiges qui ne font rien au ſujet. Ie ne mets guere dans céte maniere d'ouurage que les opinions les plus vrayſemblables & les plus naturelles. Les choſes bigearres qu'ont inuenté quelques Auteurs, sont reseruées pour des obseruations semblables à celles-cy. Continuons donc de voir ce qui est allegué dás les Curiositez Inouyes, touchant l'operation de la ressemblance dans les sciences & les arts.

L'auteur dit qu'en ce qui est de la Theologie, l'on treuue que ceux qui ont mis des images aux Téples séblables à celles auec lesquelles les Anges auoient apparu en terre, ce ne fut qu'à dessein d'attirer plus facilement par la force de la ressemblance ces bien-heureux esprits. Hé quoy donc il s'imagine que les figures que l'on fait pour les Talismans sont les vrays portraits des Astres, ou bien ceux qu'ils prennent plaisir que l'on leur donne. Il croit dóc que les Astres ont de l'entendement pour connoistre ce qui est fait en leur honneur, en quoy il
suyt

suyt l'opinion superstitieuse de ces Philosophes qui les croyoient animez. Outre que ce qui est dans ce lieu n'est guere bien reiglé, ie crain que cela ne soit pas fort pieux. Coparant les images des Anges & des Saincts à celles des Talismans, & disant que l'on les attire par la force de la ressemblance, c'est croire que l'on peut obtenir leur secours par vne puissance magique, au lieu d'auoir recours aux prieres & aux bonnes œuures. *Ie ne sçay point*, di-il, *en suite, si par cette mesme vertu de ressemblance qui se trouue entre Dieu & les hommes, Faciamus hominem ad imaginem, & similitudinem nostram.* Quelques Theologiens auroient dit vray que le Fils de Dieu n'eust pas laissé de se faire homme sans pâtir toutefois, bien qu'Adam n'eust point offencé. La proposition en est fort hardie, mais ce qui est de blasmable & digne de cō-

P

damnation, c'est de tirer de si hauts mysteres en comparaison de l'effect d'vn petit morceau de plomb superstitieusement graué. Il adiouste, Que parlant des choses comme elles sont à present nous sçauons que Iesus-Christ se trouue au milieu de ceux qui parlent auec foy de son nom, parce que parlãt de quelqu'vn auec affection nous nous l'imaginons tel qu'il est; Nous imaginans donc Iesus-Christ quand nous parlons de luy, il se trouue parmy nous, se rendant ainsi present à nos cœurs lors que nous y grauõs son image par nostre pẽsee, tant il est vray que la ressemblance peut des merueilles sur celuy-mesme qui ne depend d'aucune chose, & qui n'est contraint en aucune loy. Mais que cecy soit conceu & piusement & auec humilité, adiouste-t'il, & audace auec la saincteté qu'il faut pour parler d'vn sujet si adorable. Neantmoins quoy qu'il die, ce n'est pas parler auec respect de nostre Sauueur Iesus-Christ, de le tirer en cóparaison auec des choses si viles cóme ces Talismans, qui encore n'ont aucun effect veritable.

Il dit que la Philosophie nous fait voir en l'imaginatió le pouuoir qu'à la ressemblance, pource que si la femme vient à se representer puissammét quelque obiect durant l'acte de la generation, le fruict en retiendra l'image. Il est vray qu'il y a beaucoup d'exemples de cecy, mais que fait cela pour les Talismans? Quoy, dautant que l'ouurier s'imagine que la figure qu'il graue sur pierre ou metal, sera propre à guerir le mal de rheins, faut-il de necessité qu'elle ayt cette puissance; ou bien est-ce que le desir incite l'Astre à faire cela? Quelle liaison y a-t'il entre nostre esprit & les pierres, ou bien entre nostre esprit & vne certaine constellation, & entre cette con-

P ij

stellatió & les figures grauées? Toutes les parties de la femme ont quelque correspondance. Ce qui est au ventre participe à ce qui est au cœur, à cause qu'vne mesme ame s'agit là dedans. De tirer cecy en comparaison pour sçauoir s'il se fait quelque chose de semblable entre ce qui est manifestement separé, cela est fort propre pour monstrer qu'il ne s'en peut du tout faire.

L'Autheur auoit desia allegué cecy par cy deuant, & touchant la Medecine, il vse encore de repetition, parlant des Simples qui soulagent les parties de nostre corps dont ils portent l'image, ce qui a aussi esté examiné.

Pour l'Astrologie il dit que l'on iuge des qualitez de l'éfant par celles des Estoilles, que Mars eslançât vne lumiere eclatante & rouge, fait rougeastre celuy qui naist sous son Influence; Saturne qui est pasle & languide le fait blesme & descoloré; & Iupiter & Venus qui dardent des rayons clairs, doux & agreables, le rendent beau & plaisant; & que le mesme en est des autres qualitez, comme si les Signes sōt hauts & en leur Apogee, l'éfant, disent les Arabes, sera haut & de grande statute, s'ils sont bas il sera bas & petit; Que pour le mouuement, Saturne qui l'a tardif & lent, rend aussi l'enfant paresseux & pesant; La Lune qui l'a viste le rend leger & estourdy.

Bien que toutes ces choses soient deduites dans Cardan & dans Porta, nous ne sommes pas obligez d'y adiouster foy; mais d'ailleurs quand ces choses arriueroient ainsi, il ne doit pas inferer de là, qu'vne figure grauée sous de telles cōstellatiōs, obtienne les mesmes qualitez. Vn corps qui a sang & vie peut receuoir quelque impression du temperamét de l'air à sa naissance; mais quant à la pierre, les changemens n'y peuuent point estre pareils; la figure que l'on y graue ne la rend point viuante & ne la fait point capable d'auoir les humeurs & les passions qui n'appartiennent qu'aux hommes, n'y d'obtenir quelque pouuoir extraordinaire.

Il dit apres que la physionomie fait encore voir des effects prodigieux de la ressemblance & des figures; & que si on vient à contrefaire la mine de quelqu'vn, & si on s'imagine d'auoir les cheueux, les yeux, le nez, la bouche, & toutes les autres parties comme luy, & en vn mot si l'on s'imagine estre semblable à luy en physionomie, l'on pourra connoistre son naturel, & les pensees qui luy sont propres, par celles qu'on se formera durant cette grimasse. Que c'est l'opinion de Campanella qui l'exprime en ces termes. *Cum quis hominem videt, statim imaginari oportet se nasum habere vt alter habet, & pilum, & vultum, & frontem, & locutionem; Et tunc qui affectus, & cogitationes in hac cogitatione illi obrepunt, iudicat homini illo esse proprios quem ita imaginando contuetur. Hoc non absque ratione & experientia. Spiritus enim format corpus, & iuxta affectus innatos ipsum fingit exprimitque.* Cecy est du liure, *De Sensu rerū,* du R. P. Campanella, Religieux Dominiquain. L'on peut dire qu'il a parlé selon le sentiment des Philosophes, & non pas selon le sien ; car en effet connoissant le temperamét d'vn homme, & ses habitudes, l'on peut bien s'imaginer quelles peuuent estre ses pésees en quelques occasions, & y rencontrer heureusement; mais de dire que pour se figurer que l'ō a son teint & ses traits de visage, & que l'on est entieremēt metamorphosé en luy, y cooperant principalement en faisant les mesmes grimasses qu'il fait, c'est ce que ie ne croy pas estre fort vtile. Neātmoins M. Gaffarel pretend que le R. P. Campanella, non seulement est de cette opinion, mais qu'il entend aussi que la mine responde autant qu'il se pourra à l'imagination, ce qu'il preuue par l'experience qu'il dit luy en auoir veu faire, dont voicy la narration telle qu'elle est en son liure, page 268. & 269. *I'auois tousiours pensé*, dit Monsieur Gaffarel, *que l'opinion de cet homme fut de s'imaginer seulement la mesme mine, comme portent ses paroles: Mais comme i'estois à Rome ayant sceu qu'on l'y auoit amené, i'appris le reste par la curiosité que i'euz de le visiter à l'Inquisition, non sans* beaucoup de peine. M'estant dõc mis à la cõpagnie de quelques Abez, on nous mena à la chambre où il estoit, & aussi tost qu'il nous aperceut il vint à nous, & nous pria d'auoir vn peu de patience qu'il eust acheué vn billet qu'il escriuoit au Cardinal Magaloti. Nous estans assis nous apperceusmes qu'il faisoit souuët certaines grimasses qui nous faisoient iuger qu'elles partoiët ou de folie ou de quelque douleur que la violence des tourmens dont on l'a affligé luy eust causé, ayant les gras des iambes toutes meutries & les fesses presque sans chair, l'a luy ayant arrachee par morceaux, afin de tirer de luy la cõfession des crimes dont on l'accusoit. Mais vn sçauant Allemand fera voir en peu de temps l'histoire de ses malheurs & de sa vie. Pour reuenir donc à nostre propos, vn des nostres luy ayant demandé dans la suite de l'entretien, s'il ne sentoit point de douleur, il répondit en riant que non, & iugeant bien que nous estions en peine des grimaces qu'il auoit fait, il nous dit qu'à noſtre arriuée, il ſe figuroit le Cardinal Magaloti, comme on le luy auoit dépeint, & nous demanda s'il eſtoit fort chargé de poil. Pour lors, moy qui auoit leu autrefois dans ſon liure ce que deſſus, ie conçeus incontinent que ces grimaces eſtoient neceſſaires pour bien iuger du naturel de quelqu'vn. Ie ne dy point ce qui ſe paſſa en ces entreueuës, parce qu'il eſt hors de mon ſujet.

Voila ce que M. Gaffarel raporte du R. P. Campanella, mais peut-eſtre cela n'eſt il pas arriué de la ſorte. Ie ne veux pas dire qu'il ayt intention de déguiſer l'affaire ou d'y rien adiouſter, mais qu'il ne prit pas garde à tout, ou qu'il ne s'en ſouuiét pas ponctuellement. Dailleurs cela ne prouue point que les mines qu'il auoit faites en eſcriuant ſon billet, fuſſent les meſmes que tenoit d'ordinaire le Cardinal Magaloti, &

qu'il les fist à dessein de comprendre quel estoit le naturel de ce Prelat, suiuant le precepte du liure *De Sensu rerum*. Monsieur Gaffarel dit seulement, que pour luy il conceut incontinét que ces grimasses estoient necessaires à cela, & que ce que leur dit le R. Pere, estoit parce qu'il iugeoit qu'ils en estoient en peine. Cecy n'est fondé que sur l'imagination de nostre Autheur, puis que l'autre n'en parla point assez clairement. Possible n'eust-il pas escrit cecy auec tant de hardiesse si Campanella eust esté alors à Paris comme il est à cette heure, estant facile aux Curieux de s'informer de luy s'il a iamais eu de telles pensées. Toutefois ie connoy bien que Mr. Gaffarel ne luy croit point faire de tort d'alleguer cecy, d'autant que cela est suiuant la doctrine qu'il a publiée dans ses liures, laquelle Monsieur Gaffarel veut embrasser aussi comme trescertaine. Il y a pourtât cecy de plus, qu'il veut qu'outre l'imagination, Campanella ayt tasché de se conformer par ses mines à celuy auquel il auoit affaire pour connoistre son humeur, & sçauoir comment il receuroit le billet qu'il luy escriuoit: Mais nous ne sommes pas obligez de croire cela de ce Religieux, s'il n'en parle precisément. Il le faut attribuer au dernier qui le publie. C'est luy qui est Autheur de ces grimasses, & il deuoit mettre en teste de ce Chapitre, *Des grimasses estudiees*, ou *L'Art de faire des grimasses*. Au reste nous laissons ces ridicules ceremonies aux basteleurs, sans croire qu'elles ayent autre pouuoir que de faire rire ceux qui les voyent; Dauantage quand ce seroit quelque chose qui auroit de l'efficace, cela ne prouueroit rien pour le sujet des sculptures

Talifmaniques, car croira-t'on que tout ce que l'on fe reprefente, foit par imagination, foit par gefte, foit par peinture & fculpture, arriue de mefme? Où a-t'on iamais veu des marques de cecy?

Quant aux reigles de phifionomie elles font encores fort vaines pour prouuer la puiffance des figures naturelles ou artificielles. Si tous les hômes qui ont les mefmes traits de vifage, font d'vn mefme naturel, vne pierre qui n'a point de vie ne leur fera pas femblable pour auoir efté taillée à leur imitation.

L'Art de deuiner les fonges eft fondé encore fur la reffemblance, comme on peut voir dans l'hiftoire facrée, où Iofeph predit à l'Efchanfon qu'apres trois iours il feroit remis à fon office, parce qu'il auoit fongé qu'il preffoit trois grappes dans la coupe de Pharaon, & ainfi des autres. Mais à quoy sert-il d'en alleguer des exemples, soit des liures sacrez, soit des prophanes? L'Autheur des Curiositez ne dit point à quoy cela aboutit pour la preuue du pouuoir des Talismans.

Quant à la peinture & à la sculpture, il est vray que les figures tristes peuuét rédre triste, & les gayes peuuét resioüyr, mais ce que l'on graue aux Talismás est souuét si petit ou si peu commun que l'on n'y connoist rien, tellement que cela n'a garde d'émouuoir les passions. Ce n'est pas aussi en les voyant seulement que l'on croit qu'ils agissent, & l'on leur attribuë bien d'autres facultez que de rendre tristes ou gays ceux qui les portent. L'on pretend que tout ce que l'on y represente doit arriuer, ce qui est vne plaisante erreur. Veritablement cela seroit fort commode aux peintres, s'ils representoient dás vn tableau quelque riche Seigneur qui leur dônaſt beaucoup d'argent, ou vn Empereur qui leur miſt la couronne ſur la teſte, il faudroit que cela arriuaſt ainſi. Mais ny les perſonnes ruſtiques ny les enfans ne croiront pas cela.

La force de la Muſique eſt auſſi conſiderée inutilement ; le ſon eſt vn effect proportionné au ſens de l'ouye, tellement qu'il peut agir ſur nos eſprits, mais il ne ſort rien du Taliſmá qui ayt de l'actiõ ſur nous. Neantmoins l'Autheur ne laiſſe pas de conclure ainſi. *Si donc la reſſemblâce a tant de pouuoir en tout ce que nous venons de voir, concluõs qu'elle n'eſt pas moindre en celle des figures Taliſmaniques & d'autant plus aſſeurement que l'experience nous le fait voir.* Mais il n'a pas monſtré cette experiéce, & d'ailleurs quand la reſſemblance auroit du pouuoir en quelques autres choses, elle ne l'a pas en ce qui est des Talismans. Aussi quoy qu'vne pierre porte la figure de quelque animal ou de quelque membre de l'hôme, la ressemblance en est bien foible : Pour ressembler entieremét à quelque chose, il en faut auoir auec cela les qualitez interieures.

Sa troisiesme voye de la vertu des Astres, c'est qu'il monstre que pour guerir vne maladie humide, il faut prendre vne matiere seche & y grauer la figure sous vn signe sec, & que l'Influence s'imprime par la ressemblance. Ce sont de belles imaginations, mais pour les faire croire certaines, il condamne toutes les figures ou l'on se sert de superstitions, & où l'on pretend de forcer la volonté de l'hôme. C'est vn artifice pour gagner les esprits, afin que ceux qui condamnent les sortileges & les autres secrets superstitieux, n'ayent point

point les siens en horreur, croyant qu'ils se font naturellement, & qu'il n'aspire point à des choses impossibles à l'homme; mais nous connoissons assez que tout ce qu'il dit ne se peut faire par les voyes de la nature. Pour ce qui est de l'influence des Astres, il est vray qu'elle subsiste, non pas telle qu'il l'a fait, & ce qu'il raporte de la force des Signes & de leur pouuoir sur les membres, est tel qu'il auouë luy mesme que les raisons que l'on en donne sont souuét impertinentes, & qu'il ne se faut arrester qu'à ce que l'experience en fait voir.

Il vient enfin à la question si les Astres influét aussi bien sur les choses artificielles que sur les naturelles. *Ie responds en deux mots,* ce dit-il, *que l'affirmatiue est si certaine, que S. Thomas qui n'a rien laissé à examiner, & le grand Albert, ne l'ont sceu nier.* Ceux

qui n'ont iamais leu les œuures de S. Thomas, croiront icy qu'il appreuue les Talismans, & leur attribuë du pouuoir; mais l'on ne nous en fait pas accroire ainsi. Il faut voir ce qu'il en dit au second liure de la seconde partie de sa Somme Theologique, Question 95. art. 2. C'est par tout sa coustume de proposer, ce qui est dit des choses par les Payens ou gens mal instruicts, & si l'on s'arreste là, il n'y a pas de doute que l'on ne pourra decouurir la verité. Il faut passer à la conclusion qui est le second membre de l'article ou tous les poincts sont resolus. Il propose en ce lieu cy, qu'il semble que com-
,,me les corps naturels sont sujets aux
,,Astres, aussi sót les artificiels; Que les
,,corps naturels aquierent quelques
,,vertus cachées, suiuant leur aspect
,,par l'impression des corps celestes;
,,Donc qu'il faut que les corps artifi-

ciels, & par exemple les images ob-«
tiennent quelque vertu secrette des«
corps celestes, pour causer de cer-«
tains effects. Y eut-il iamais rien qui
conuinst mieux au dessein de l'Autheur que nous examinons? Il pense faire son profit de ce passage, & cite ce grand Oracle de la Theologie; Mais ie croy qu'il a esté si aisé de trouuer cecy, qu'il ne s'est pas donné la patience de voir ce qui suyt; car de l'auoir leu & le vouloir dissimuler ie ne sçay si i'oseray luy reprocher cela; Tant y a qu'à la seconde section de la cóclusion, S. Thomas parle ainsi.

Les vertus naturelles des corps natu-«
rels suiuét leurs formes substátielles«
qu'elles tirét de l'impressió des corps«
celestes, & acquierét de là quelques«
puissances actiues: Mais les formes«
des corps artificiels, procedent de la«
pensée de l'ouurier, & n'estans autre«

Q ij

„chose que la cōposition, l'ordre & la
„figure, ne peuuent auoir vn pouuoir
„naturel pour agir; Et de là viēt qu'ils
„n'obtiennent aucune faculté des
„corps celestes, en tant qu'ils sont ar-
„tificiels, mais seulement en tant que
„leur matiere est naturelle. L'opiniō
„de Porphire estoit donc fausse, ain-
„si que remarque sainct Augustin au
„dixiesme liure de la Cité de Dieu;
„Que les hōmes pussent faire diuer-
„ses choses propres à certaines actiōs
„par le moyen des herbes, des pier-
„res, des animaux, & de certains sons
„& voix, & de quelques images ou
„caracteres, comme estans des effects
„d'vne magie naturelle qui proce-
„doit de la vertu des corps celestes:
„Mais comme S. Augustin adiouste,
„tout cela depend des Demōs qui se
„iouent des ames qui leur sont sujet-
„tes. C'est pourquoy il faut croire
„que ces *Images* que l'on appelle, *A-*

stronomiques, tirent aussi leur effect‹‹ de l'operation du diable. La mar-‹‹ que en est qu'il y faut escrire certains‹‹ caracteres qui naturellement ne ser-‹‹ uent à rien, car la figure n'est point‹‹ le principe d'aucune action naturel-‹‹ le. Toutefois les images Astrono-‹‹ miques different des Necromanti-‹‹ ques, en ce que pour les Necromá-‹‹ tiques il se fait expressement des in-‹‹ uocations, & autres vaines ceremo-‹‹ nies, ce qui fait qu'elles dépendent‹‹ du pact exprés fait auec les Demós;‹‹ Mais aux autres images il y a pour-‹‹ tát quelque pact tacite par le moyen‹‹ des figures ou des caracteres que‹‹ l'on graue, qui en sont les signes. ‹‹

Voila ce que dit sainct Thomas en quoy il condamne les Talismás par des raisons tres-fortes. Si l'Autheur des Curiositez Inouyes veut auoir recours à quelque passage d'vn autre liure du mesme sainct, où il dit que les corps celestes ont du pouuoir sur les choses artificielles comme sur les naturelles, ne s'expliquât pas autrement, il ne faut pas prendre cela pour luy ; C'est à dire qu'ils operent sur leur matiere en tant que naturelle. Neantmoins c'est ce qui a trompé nostre Escriuain qui s'est rapporté principalement au liure *De fato*, & à celuy qui est fait, *Contra Gentes*, où sainct Thomas ne dit pas ponctuellement l'opinion qu'il a de ces choses, & où il met plusieurs pensees selon le sentiment des antiens Philosophes. Pour estre asseuré de nostre croyance, il faut auoir recours à sa Somme Theologique, où il s'est declaré ouuertement ; & quand il auroit mesme tenu tout le contraire en vn autre traicté à part, il ne faudroit croire qu'à cestuy-cy ; qui est vn Recueil de la vraye Philosophie des Chrestiens. Toutefois si l'on explique bien ses œuures, l'on n'y trouuera point de contrarieté, & l'on verra que tout se rapporte à ce que i'ay allegué, tellement que si l'Autheur des Curiositez Inouyes se pense seruir de son authorité, il faut que ce soit parmy des gens qui ne sçachent pas lire, ou qui n'entendent pas le Latin.

Pour ce qui est du grand Albert les liures que l'on luy attribuë sont plains de plusieurs merueilles, dont la fausseté est si aisée à conoistre, que c'est inutilement que l'on le prend à témoin de cecy. Toutefois nostre Autheur croyant estre bien fortifié, continuë de parler de cette sorte. *L'experience nous aprend que le Soleil eschauffe aussi bien l'image artificielle d'vn homme, que l'homme mesme ; Or si cet Astre agit indifferemment, pourquoy non les autres? &c.* L'on luy auoüe que le Soleil eschauffe les Statues, mais y opere-t'il de mesme qu'aux corps humains? Le corps de l'homme eſtant eſchauffé ſon ſang s'allume, & le réd enclin à la colere & à l'amour; en ſera-t'il de meſme aux ſtatuës, qui n'ont point de vie, de ſentiment ny de paſſion? Si outre la chaleur les Aſtres iettent encore quelque influence elle ne doit eſtre receuë que ſelon la matiere des corps. Pour faire la figure d'vn lyon, l'on n'aura pas fait vn corps qui ayt apres les meſmes ſentiments que le lyon viuant. Ce n'eſt touſiours qu'vne piece de cuiure conſiderée comme metal. *Pourquoy*, dit l'Autheur des Curioſitez, *les Eſtoilles n'agiroient-elles auſſi bien aux choſes artificielles? Excludon de la nature l'or, quand on en fait vne bague, & rend-on moins naturelles les pierres quãd on en fait vne maiſon?* Nous luy auoüós cela ſans qu'il en cóteſte, mais ne voit-il pas que cela ne fait rien pour luy? Les Aſtres agiſſent toufiours fur l'or, comme eftant or, foit que l'on en faffe vne bague ou vne couronne, mais n'y cherchons point d'autre action que celle qui eft naturelle. Pour ce qui eft des figures qui rendent les metaux plus propres à de certaines actions, c'eft pour celles qui dépendent de leur mafsiueté, & de leurs autres qualitez manifeftes. En vain l'Autheur a recours à cecy, & pour ce qui eft de la verité des influences celeftes fur les chofes artificielles, il n'eft point à propos de rapporter que plufieurs cottons & laines du Leuant durent plus ou moins, fi on les trauaille en diuers Royaumes & fous certaines conftellations, aufsi bien que les nauires, & que Vitreuue prouue le mefme des baftimens. Les caufes de ces chofes font toutes certaines & euidentes: Il y a des matieres qui ont befoin de fechereffe & les autres d'humidité; Elles sont durables selon qu'elles reçoiuét ce qui leur est necessaire. Voila qui est apparent, mais où connoist-t'on que les pierres que l'on graue doiuent receuoir ainsi des Astres ce qui est propre à de certaines actions? Cela ne se peut monstrer ny par effect ny par ratiocinatió, & au contraire l'on treuue des raisons qui en font voir l'impossibilité, ainsi que témoignent ces obseruations.

*Du septiesme Chapitre, où sont rappor-
tées quelques obiections que l'on faict
contre les figures Talismaniques, &
où l'Auteur tasche de monstrer que
cela n'oste rien de leur puissance.*

AV septiesme Chapitre des Curiositez Inouyes, l'Autheur dit qu'il condamne toutes ces figures que l'on accompagne de superstitions, & que pour les figures telles qu'il les descrit, l'Eglise n'a iamais rejetté leur vraye & legitime puissance, ainsi qu'on peut voir dás les œuures de S. Thomas. Il n'a pas pris garde que ce Sainct entend que les Talismans ne peuuent auoir aucun pouuoir naturel, que s'ils en ont c'est le diable qui le dóne, & qu'encore que la figure soit grauée sans inuocation, cette figure seule peut estre le signe d'vn pact tacite. Toutefois il adiouste que si les Peres les ont autrefois condamnées, ce n'a esté qu'apres qu'ils ont pensé n'en pouuoir destourner les homes qu'en condamnant le tout comme Moyse fit en deffendant absolumét d'enter vn arbre de differente espece, pour destourner le peché qu'ō commettoit en cette action. Il en tire la raison de Rabi Moses, laquelle est si salle & si deshonneste qu'il l'a laissee en Latin, pour couurir en quelque façon le recit de ces vilainies, mais ie les veux couurir encor dauātage en les taisant.

Il poursuit à monstrer que si l'on a rejetté les Talismans, c'est pource que les ignorans y ont vsé de certaines paroles. Il condamne ceux de Villanouensis & de Mizauld, qui dit que pour chasser les serpés il faut dresser vne table de cuiure, & en y grauant deux serpens en l'ascendāt de la seconde face d'...ries dire, *Ligo serpentes per hanc imaginem vt nemini noceant, nec quemquam impediant nec diutius vbi sepulta fuerit permaneā*. Il en rapporte de semblables pour chasser les rats, pour prendre les poissons, & pour chasser les loups, & dit qu'il ne les rapporte que pour les faire fuyr; Que leur fabrique est ridicule, & qu'elle est autant eloignée des veritables obseruations, que l'Enfer l'est du Paradis; C'est pourquoy il ne s'estonna pas lors qu'vn de ses amis luy dit que de plus de cét qu'il auoit dressez suiuant ces regles, il n'auoit iamais veu l'effect d'vn seul, mais que l'ayant prié d'en dresser vn suiuant les obseruations qu'il luy prescriuoit, il en vit l'experience. Mais que veut-il dire? Quelle difference y a-t'il de ces Talismás aux autres ? Mizauld les ordonne sous les mesmes cõstellations qu'vn autre les pourroit ordonner; pourquoy n'auront-ils pas de l'effect? A cause qu'il a cette opinion qu'il faut dire en les faisant pourquoy l'on les fait, ceux qui seront faits ainsi n'auront aucune puissance : Ie croy que c'est que ny les vns ny les autres ne sont bons à rien.

Ie ne voudrois point croire sans bonne caution que quelqu'vn s'en fust seruy vtilement, quoy que M. Gaffarel die de son amy. Pour ce qui est de M. Sanclarus qu'il dit qu'õ peut consulter là dessus, estant encore viuant sçauant Professeur du Roy, i'ay ouy dire à ceux qui connoissoient l'vn & l'autre, que Sanclarus estoit desia mort lors que M. Gaffarel escriuoit cecy, ou tout au moins quand il le faisoit imprimer; & en ce qu'il dit que ce Professeur auoit esté guery par vn de ces veritables Talismans, d'vne douleur insuportable de rheins, l'on m'a asturé tout au contraire que ce mal l'auoit conduit à la mort. Voicy vne estrange affaire que nous ne puissiós trouuer aucune experience pour cófirmer la vertu des Talismans, ny aucune raison solide, encore que nous en ayons assez de desir.

Il faut remarquer en ce lieu qu'en vn autre discours suiuant, l'Auteur vse du terme de *figure Talismanique*, ce qu'il fait en beaucoup d'autres endroits; ie ne sçay si l'on trouuera cela bien dit, veu qu'il declare ailleurs que Talisman ne signifie autre chose, que figure ou image, de sorte qu'il y a de la superfluité en la Phrase, & c'est comme si l'on disoit, *vne figure figurée*. Neantmoins cela se dit prenant le mot de Talisman, pour vn nom barbare, qui dans l'vsage signifie les proprietez des figures cóstellees. Si les Critiques le luy pardonnent, ie le veux bien faire aussi.

Pour reuenir à la chose dont il s'agit, l'on códamne encore les Talismans sur l'impuissance de la matiere grauee, & sur ce qu'vne image morte & immobile ne peut donner de mouuement ; à quoy l'Autheur respond que la matiere estant desia propre à quelque effect y est mieux disposee par vne semblable figure & ses qualitez sont excitées par les Astres. Les exemples qu'il rapporte ne preuuent rien, car ce sont des choses qui en effect ont le principe de ces qualitez, mais la figure ne l'a pas. Le traicté que Gerson en a composé se peut voir auec le *Malleus Maleficarum* dedans lequel l'on l'a imprimé. Les douze articles qu'il a faits sur ce sujet, ne doiuent

uent point estre reprouuez. Si nostre Auteur les reçitoit, l'on verroit qu'ils sont cóformes à la Theologie Chrestienne, & à la meilleure Philosophie. Il y a plus de gloire à suiure l'opinion d'vn si grand personnage qu'à la vouloir combatre. Il tient que les caracteres ny les images ne sçauroiét auoir aucun pouuoir pour les effects que l'on en desire, ce qui est aussi arresté par les plus doctes & les plus sages qui en ont parlé. Ceux que les chercheurs de Curiositez croiroient mesme estre de leur party, les abandonnent sur ce poinct, comme Iean Vuier, disciple d'Agrippa, qui dans son liure *De Præstigijs Dæmonum*, declare que les caracteres & les images ne seruet qu'à estre les signes des choses, & ne reçoiuent aucune influence des Astres surquoy il se sert encore du passage de sainct Thomas que i'ay allegué cy dessus. Cardan ne leur attribuë aucun pouuoir, & Marsille Ficin à bien de la peine à y consentir, quoy qu'il ayt fait vn liure sur ce sujet.

Sur ce que l'on peut dire que les rayós celestes ne sont pas assez forts pour penetrer la pierre & le metal, M. Gaffarel, respond que quand les témoignages sont fondez sur l'experience on ne les peut nier ; Qu'il est certain que les Astres agissent bien auant dans terre, mais l'exemple qu'il tire des Questions de Seneque, de ces hommes qui virent des fleuues & de grands abysmes en vne antienne mine d'or, ne sert de rien à ce sujet. S'il est vray que les fleuues viennent de la mer, il faut bien qu'ils trouuét passage sous terre sans qu'il y soit besoin de l'operation des Astres ; Et quát aux mines profondes, ce n'est pas l'opinió de tous les Philosophes, que le metal y soit engendré par l'action du Soleil. Quant à la disposition que la figure donne à la matiere il en parle encore vainement selon ce qu'en a desia esté dit en plusieurs lieux. Il repete si souuét ces choses, que si à chaque fois l'on luy vouloit respondre, il faudroit commettre vne semblable faute, & s'amusera à d'ennuyeuses repetitions.

Au reste l'on a eu raison d'objecter que si l'art de dresser des images estoit certain les Egyptiens, Arabes & Persans qui l'ont inuenté, se fussent rendus Seigneurs de tout le monde, en vainquant leurs ennemis, mais qu'ils ont esté souuent vaincus. Il respond qu'il n'y a point de Talisman capable de cét effect, mais s'ils peuuent guerir les maladies & rendre les corps alegres, ne les rendront-ils pas plus propres aux combats? S'ils excitent aussi à la tristesse ou à l'amour, ne peuuent-ils

R ij

pas exciter à la conuoitiſe des grandeurs, & rendre les hômes magnanimes? Par ce moyen cela les deuoit diſpoſer aux victoires, quoy qu'il en die.

Sur ce que l'on obiecte qu'il faut que les choſes naturelles s'entre-touchent pour agir, ie ne ſçay ce qu'il veut reſpódre de la brique eſchauffée, qui a receu ſa chaleur ſans auoir touché le braſier ny la flamme, & qu'ainſi l'image a receu l'influence des Aſtres. Si le feu n'a touché la brique, il faut qu'vn air fort eſchauffé l'ayt touchée, ou quelque autre brique qui eſt voiſine du feu.

Il dit qu'il paſſe l'operation merueilleuſe de l'onguent qui guerit le bleſſé fuſt-il à cent lieuës loin, pourueu qu'il ſoit appliqué ſur l'eſpée qui a fait la playe, & qu'on la penſe cóme on feroit le malade. Il feroit bié de verité de paſſer cela ſous ſilence, comme vne chose tres-absurde, mais il s'en appuye neantmoins, & veut faire croire qu'il s'en est veu des operations certaines. Il se tient fort du tesmoignage de Monsieur Loisel qu'il appelle Medecin du Roy deffunct, lequel à ce qu'il dit, asseure dans ses Obseruations, que cette operation est naturelle, & qu'il s'en est seruy heureusement & en homme de bien. I'ay cherché ce liure : mais ie n'y ay point trouué que Loisel se fust seruy de ces vnguent ; il dit seulement que le sieur de la Riuiere vn autre Medecin l'auoit experimenté? Voicy encore vn témoignage falsifié. Quand l'on void ces apparences de langage de dire qu'il s'en est seruy heureusement & en homme de bien, l'on croid que cela soit veritable, & cela ne l'est point. Loisel ne sçauoit rien de la vertu de cet vnguent que par ouy dire. D'ailleurs Monsieur Gaffarel l'appelle Medecin du Roy deffunct : mais plusieurs disent qu'il n'estoit pas seulement Medecin. Toutefois parce que dans son liure il prend qualité de Medecin & de Chirurgien du Roy, nostre Auteur là appellé absolument Medecin du Roy deffunct, pour plus grande authorité. Quand au sieur de la Riuiere, l'on peut douter s'il a dit cela à Loisel; ou bien s'il là dit, c'est à sçauoir s'il à dit la verité; & auec cela quand il auroit veu vne fois voire deux, vne playe guerir tandis que l'on appliquoit l'vnguent sur vne espee ou sur vn baston ensanglanté, cela pourroit s'estre fait pour d'autres causes? La vraye experience ne depend pas seulement d'vne où de deux obseruations; il en faut vne grande quátité, & que cela ait esté fait aussi en diuers lieux & par diuers hommes, pour faire que l'on ne reuoque plus rien en doute.

La sixiesme obiection que l'on fait, c'est que si deux personnes se ressemblét l'vne se deuroit noyer si l'autre se noye, de mesme que l'on fait agir les figures par ressemblance. L'Auteur n'y veut pas consentir, pour ce que la volonté s'exempte de cette loy, mais en ce qui est des accidens corporels, il dit que l'on les a veus semblables aussi en deux gemeaux. Toutefois il ne faut pas croire que s'il arriuoit à l'vn de tomber, l'autre deust tomber aussi.

Ses ce que l'on obiecte que quelques Talismans qui guerissent de certaines maladies, ne tirent cette proprieté que de leur matiere, il persiste à soustenir qu'elle ne vient que des Astres, & pour ce que l'on luy peut dire que la vertu des Astres deuroit plutoſt tomber ſur le ſcorpion viuant que ſur ſon image, il rapporte que le ſcorpion appliqué ſur la morſure guerit auſſi bien que cette figure, & qu'en tout le reſte des animaux on peut trouuer le meſme effet. Mais pour guerir les maladies de la teſte ou de la iambe, il faudra donc y appliquer des teſtes & des iambes naturelles, ou bien en auoir la quinteſſence. Il ſouſtient apres que les figures peuuent beaucoup pour atriſter & reſioüir; que ſi vne Vierge & des gemeaux en vie ſont beaux ou laids, pourquoy non leur peinture ou figure? Mais l'on ſeroit bien trompé ſi l'on croyoit que ces images fuſſent veritablement au Ciel.

Il rapporte que la figure platte empeſche que le fer n'enfonce dans l'eau: Mais la figure n'y fait rien; C'eſt le peu de maſſiueté qui eſt dans les fueilles de metal estenduës, ce que le traicté des Talismans a monstré assez euidemment, en la quatriéme section. Il ne sert de rien d'alleguer Cajetan qui a dit. *Figura licet non sit ipsum principium operationis est tamen comprincipium, & quia artificium instrumentis efficit figura, vt illa sic vel sic operentur, tum quia ferrum latum super aquas fertur, quod si in formam aliam contrahas demergetur.* Delrio a eu raison de respondre à cecy en cette maniere. *Respondeo figuram esse comprincipium in motu locali & operationibus quæ per hunc motum fiunt, vt sunt variè diuisiones continui per delabram, per malleum, per asciam, per serram, non vero in operationibus quæ fiunt per alterationem,* Monsieur Gafarel ne deuroit pas dire qu'il ne respond qu'en biaisant, & qu'il s'estonne que ce Iesuite estant d'ailleurs tres sçauant n'ayt pas pris garde qu'il pechoit cõ re les maximes de la Philosophie adnancée par luy mesme. *Lors qu'il concede*, ce dit-il, *que la figure est comprincipe au mouuement local & aux operations qui se font par ce mouuement, mais non pas en celles qui se font par l'alteration, il conclud contre ce qu'il a posé, puisque suiuant le consentement de tous les Philosophes, la chaleur se fait par le mouuement; Or est-il que la chaleur est vne alteration; doncques la figure par luy mesme, est comprincipe aux operations qui se font par l'alteration.* Nostre Auteur deuroit considerer que Delrio a respondu selon le suiet qui se presentoit : le mouuement local dont il parle est celuy d'vn corps inanimé qui estant rendu violent coupe le bois, s'il est accõpagné de la figure aiguë. En cette sorte d'action, où vn corps solide agit sur vn autre, la figure est requise, mais en celle d'eschauffer, il n'en est pas de mesme. Vn corps qui a quelques principes de chaleur comme ceux qui viuent, s'echauffe en se remuant, pour ce que sa chaleur se resueille par ce moyen, & cela ne se fait point pour aucune figure particuliere. Les corps inanimez cóme les pierres peuuent aussi s'eschauffer en se choquant: mais c'est d'autant qu'elles excitét encore ce qu'elles auoient de chaud en elles, ou à cause qu'elles poussent l'air violemment. L'on dira que l'on rópt les cailloux pour en faire sortir du feu mais c'est afin d'y trouuer vne bonne veine, & s'il est besoin de les toucher plutost par vne pointe que par vn autre endroit il est certain que c'est vne figure qui leur est necessaire: mais il faut auec cela considerer la solidité qui l'accópagne. N'y Cajetan, n'y Delrio n'ont point parlé de cecy. Il faut dire que la solidité est vn comprincipe auec la figure au mouuement pour couper ou percer quelque chose, & en ce qui est de faire nager le metal sur l'eau, il faut que la figure platte ait le peu de massiueté pour comprincipe, si tant est que l'on y admette la figure : mais quoy que l'ô die ce n'est point propremét la figure qui fait nager. La fueille d'or où destain ne nage point par ce qu'elle est platte ; vne l'ame espaisse deuroit donc nager aussi ; c'est parce que le metal s'y trouue mince, & la largeur qui le fait appeller plat n'est point consideree. Ce ne sont que petites parties iointes en largeur, lesquelles estans diuisées seront rondes ou quarrées si vous voulez, & seront suportées de mesme.

Delrio poursuit, *Sed esto fiat, erit non ratione figuræ sed ratione quantitatis*. Mais Monsieur Gaffarel luy remonstre que, *quantitas non est activa*, s'attachant encore à des subtilitez de Logique mal entenduës. Il voudroit monstrer que ce qui est, n'est point. Ne sçait-on pas que si vne fueille destain nage sur l'eau, ce metal ne nage plus si l'on y adioute partie sur partie, & si l'on y en met vne masse? De vray ce sont les qualitez qui agissent, comme si les choses sont chaudes elles eschauffent, si elles sont lourdes, elles penetrent ce qui est plus leger. Neantmoins il faut aduoüer que tant plus il y a de parties chaudes, plus il y à de chaleur en vn corps, & plus il y en a de lourdes, plus il penetre facilement, de sorte qu'encore que l'action procede de la qualité, la quantité ne laisse pas de luy seruir & de la rendre plus forte. C'est pourquoy Delrio à fort bien dit que la quantité du metal estoit ce qui le faisoit nager, pource que s'il y en auoit plus espais il iroit au fonds de l'eau. Cette petite quantité est suffisante à l'action de nager, & vne plus grande le feroit enfoncer.

En suite de cecy les auttes obiections qui sont refutées par Galeottus sont rapportées, qui sont qu'en ces Images qu'on fait contre le mal de la pierre, l'or de sa nature ne guerit point les rheins; Moins donc l'image qui estant sans vie ne peut alterer l'or; & qu'en l'image encore il ne se trouue ny action ny passion; dauantage l'or de soy mesme figuré ou non est tousiouts d'vne mesme espece, & par consequent le rayon de l'Astre agit tousiours d'vne mesme façon; que s'il agissoit plutost sur l'or figuré que sur le simple, il sembleroit que cette action procedast pluftost de l'election du Ciel que d'ailleurs; Et bref la vertu qu'on donne à ces figures ne peut estre ny naturelle ny artificielle; non pas naturelle parce qu'elle ne prouient pas du dedans; artificielle encore moins par ce que l'artisan ne la luy à pas communiquée. La dessus nostre, Auteur cite Galeottus qui dit que ce n'est point tout cela qui donne de la puissance à la figure. *Sed principium actionis ac passionis affert, non vt figura & imago mathematicé animaduersa sed vt efficit aliam atque aliam in re figurata præparationem quæ cælestem actionem sine difficultate varijs modis accipiat.* Voyla ce que Monsieur Gaffarel appelle la docte solution de Galeottus, en quoy tant s'en faut que ie trouue de la doctrine, que ie n'y trouue pas mesme de la raison. Il declare en suite que pour monstrer que des figures diuerses sont plus propres naturellement que les autres à receuoir l'influence, il raporte l'exemple des miroirs dôt les concaues & ronds, reçoiuét si bien les rayons du Soleil qu'ils bruslent, & les autres non; comme aussi de la diuersité des monts & vallées qui est cause d'vne plus grande chaleur ou froidure : mais il ne considere pas qu'il ne parle que des diuers degrez de chaleur; comment sçait-il que les degrez des influences se diuersifient pour la rencontre des corps bossus ou cauez ? D'ailleurs si l'on suit son exemple, quelle diuersité de chaleur y aura t'il en de si petites pieces comme les Talismans, pource que l'vn auroit la figure d'vn lyó & l'autre d'vn homme ? Et si la chaleur qu'ils receuront ne s'y rend pas mesme differéte pour si peu de chose, croid-on que l'influence y puisse estre diuerse?

Il est vray que comme il dit l'on void souuent que ce que font les hommes

hommes à plus d'operation que ce que Dieu a donné à la Nature: mais les principes y doiuent eftre, & ils ne font point dans les Talifmans pour les effets qu'il en defire.

Virgile ayant efté defcrié pour vn Necromantien, le fieur Naudé le deffend en fon Apologie pour les grands hommes accufez de magie. Il dit que les Talifmans qu'on luy attribue font faux comme la mouche d'airain mife fur vne des portes de la ville de Naples pour empefcher qu'aucune mouche y entraft, & le Talifman d'vne fangfuë grauee fur de l'or, que l'on dit qu'il ietta dans vn puits pour chaffer vne prodigieufe quantité de fangfuës qui affligeoient la mefme ville. Mr. Gaffarel ne peut fouffrir que Naudé nie cela. Il dit que pour l'Auteur nommé Geruais qui attribuë à Virgile les images Talifmaniques, les

S

charges qu'il auoit aupres de l'Empereur Othon (car il estoit son Chácelier) & le liure qu'il luy presenta dont le titre estoit, *Otia Imperialia* le doiuent rendre croyable, puis qu'il importe à vn homme de sa sorte, de ne rien aduancer que de graue, de veritable, & de serieux. Voila des raisons bien foibles : car il se peut trouuer des hommes dans les grandes charges, qui escriuent d'aussi grandes sottises que les autres, & puis l'on receuoit celles là sans contestation, par ce qu'encore que ce fussent des choses fausses elles apportoient du diuertissement, ainsi que font les aduantures des Romans, & mesme le titre du liure dont Monsieur Gaffarel se targue, porte cela aussi. Ce n'estoit que pour entretenir l'Empereur à ses heures de loisir. *S'il se fust oublié* (dit-il) *iusqu'à presenter à vn Empereur des choses absurdes & fabuleuses on l'eust tenu pour vn fou.* Pourquoy cela? n'aimons nous pas à ouyr quelquesfois reciter des contes faits à plaisir ? *Ce n'est pas par vn Chancelier que tels mensonges sont composez, & quand ils le font*, poursuit-il, *ils ne demeurent pas sans responce. Mais pour celuy de Geruais qui est celuy qui l'ayt refuté?* Mais qui est celuy qui l'eust osé, respondray-je, s'il est vray qu'il estoit Chancelier ? Toutesfois je ne sçay s'il l'estoit, & peut-estre n'estoit-il que Notaire. Quoy qu'il en soit, il est certain que n'y durant sa vie, ny apres sa mort, l'ō n'a point tasché de renuerser ce qu'il auoit establi, mais c'est que personne n'y à songé & que l'on n'a pas cru que cela fust fort necessaire, puisque l'on sçauoit bien que tout cela n'estoit que fiction. Toutefois nostre Autheur adiouste qu'il faut croire encore que Virgile auoit fait vn admirable clocher qui se mouuoit au branle de la cloche, & que pour faire croire que Virgile à peu faire ces ouurages, il ne faut que considerer quátité d'horloges qui sont en plusieurs villes où il y a des figures qui ont des mouuemens merueilleux; Et la dessus il parle de la colombe d'Architas, de la statuë de Memnon, des Cieux d'Archimede, & autres plus grands artifices que ceux de Virgile, & remonstre que Naudé deuoit deffendre le Poëte de Magie par cette voye, & non pas nier la puissance des Talismans. Il ne deuoit pas quereller pour cela son bon amy Naudé. Quelque artifice qu'il y ait à des horloges, c'est vn effet naturel ; mais celuy des Talismans ne l'est pas : D'ailleurs nous ne deuons point croire que Virgile en ait fait fur la relation d'vn Auteur qui n'a aucun credit. Si cela eſtoit les hiſtoriens Romains en auroient parlé, & Pline ne l'auroit pas oublié dans ſon hiſtoire naturelle; C'eſt à luy qu'il faudroit croire, non pas à ce Maiſtre Geruais.

Toutes les raiſons qui ſont apres pour faire que les figures reçoiuent les influences ne ſont point receuables de quelque ſorte qu'on enſeigne à les grauer ou pour les Planettes ou pour les Signes; & nous ne ſommes pas auſſi en peine commét vne ſeconde figure empraînte ſur de l'argille guerit ainſi que la premiere : car nous n'attribuons pas de pouuoir ny a l'vne ny a l'autre. La pierre d'Aymant à la puiſſance d'attirer vn fer qu'elle donne encore à vn autre fer : mais comment ne la luy donneroit elle point, veu qu'il y à vne reſſemblance de Nature en-

S iij

tre-elle & le fer: car si la pierre est enchassée dans du fer ce que l'on appelle estre armée, elle en attire vn bien plus grand poids. La puissance qu'elle donne aussi au fer qu'elle attire, se fait par quelque transpiration dont elle est capable, mais le cuiure où les autres matieres dôt l'on fait les Talismans n'ont point ces transpirations, & la figure que l'on leur donne ne les fait pas sortir dauantage, tellement que de dire que d'vn Talisman, il s'en fait vn autre par l'impression du moule, c'est ce que nous ne deuons iamais croire. En vain l'Auteur de ces Curiositez nous represente les merueilles que Triteme, & Robert Flud promettent; Il en faudroit voir des effets. C'est s'aduancer beaucoup de dire que nous pouuons sans l'ayde des demons faire ce qu'ils font, puis qu'ils n'ont point d'auantage sur nous, operant seulement en apliquant les choses actiues aux passiues, ainsi que nous faisons.

De la derniere partie du liure des Curiositez, auec la Conclusion de ces Obseruations.

LE Traicté de la sculpture Talismanique finit icy, & en suite est celuy de l'horoscope des Patriarches ou Astrologie des anciens Hebreux, qui est vne autre partie des Curiositez. En vn autre endroit il faudra traiter particulierement de cette science. C'est pourquoy il ne faut pas cōtinuer en ce lieu à examiner ce qui en reste dedās ce liure. Ie veux seulement remarquer que toute la difference de l'Astrologie des Hebreux d'auec celle des Grecs, est que les Hebreux mettent au Ciel toutes les lettres de leur Alphabet, au lieu que les Grecs y ont mis leurs Dieux, & tous les animaux dont ils parlent dans leurs fables : Puis que cela est, & que cét Autheur tient l'Astrologie des Hebreux pour la plus mysterieuse, ie tire vn fort argument contre les figures qu'il veut que l'on fasse sous de certaines constellations. Ie luy soustien qu'il faudroit plustost y grauer des caracteres Hebraïques, & qu'ils auroient plus de vertu, tellement qu'il à tort de les auoir blasmez, croyant que si l'on en graue mesmes au dessous des figures, c'est vne superstition.

L'on luy peut obiecter cela auec raison ; Toutefois ny les figures ny les caracteres n'ont aucune force à quelque heure qu'ils soient grauez : Cela nous est assez verifié. Au reste ie diray seulement que comme M.

Gaffarel ne deuoit pas appeller son liure, des Curiositez inoüyes, à cause des Talismans, puis qu'il y a quantité de liures qui parlent des figures constellées, il ne deuoit pas s'imaginer aussi que l'Astrologie des Hebreux fust vne chose dont on n'eust iamais ouy parler: *Alexander ab Angelis* en son liure, *In Astrologos coniectores*, declare que les Hebreux rangeoiét dans le Ciel les caracteres de leur Alphabet sans y mettre d'autres images, & l'on trouuera bien encore quelque autre Auteur Latin qui le dit, tellement que cela peut-estre commun à ceux qui entendent cette langue. Néatmoins il est vray que chacun ne songe pas à ces choses; mais si cela est demeuré si caché. c'est signe que tout cela n'êt pas fort vtile. En effect pour ce qui est des figures constellées, il est certain que si l'on auoit trouué qu'elles eussent quelque puissance, l'on n'en auroit pas oublié l'vsage, tellement que si Monsieur Gaffarel les appelle des Curiositez Inoüyes, il ne considere pas que cela fait beaucoup contre luy. Quoy qu'il en soit s'il nous les veut faire passer pour tres certaines, sans tant de discours, il deuroit faire vn Talismá qui chassast les mouches en vendanges, & vn autre qui chassast les rats de la ville de Paris, ainsi qu'il pretend qu'il y en auoit vn autrefois : car s'il en sçait les regles comme il dit, il en peut faire de mesme, & ie le trouue aussi bien ingrat à sa patrie, s'il ne fait mettre au milieu de toutes les villes de la France des figures qui gardent du feu, & des autres qui preseruent de la Peste. Il en deuroit grauer encore contre toutes les maladies, & en auoir si grande quantité qu'il y en eust pour tout le peuple, & s'il n'y pouuoit fournir, il auroit des ouuriers fous luy. Cela introduiroit vn nouueau meftier en France, qui feroit celuy de faire les Talifmans. Il y en auroit des boutiques toutes pleines, & pour chaque maladie il y auroit des boiftes particulieres auec l'efcriteau deffus: Les Apotiquaires n'auroient plus de credit auec leurs drogues fafcheufes : Ces remedes cy feroient plus faciles, n'eftant befoin que de les apliquer fur le mal ou aupres, où de les porter mefme dans fa pochette pour en eftre guery; & d'ailleurs ils feroient tres eftimables, veu qu'ils preuiendroient le mal en empefchant qu'il n'arriuaft, fi l'on eftoit foigneux d'en porter de bonne-heure. Ie ne fçay pas fi noftre Auteur pourra dire qu'il ne fçauroit faire toutes ces chofes, puis qu'il declare qu'il a enfeigné à vn de fes amis comment il falloit faire des Talismans contre les maladies, & qu'il en a veu l'effet. Que s'il ne peut faire cela, ny encore moins garétir les contrees de sterilité, chasser les orages, & les animaux nuisibles, preseruer les villes de feu & autre mauuais accident; il me semble qu'il ne faudroit donc pas publier vn liure, où il tasche de faire connoistre que tout cela est possible, & qu'il en sçait bien le moyen: Toutefois il veut peut-estre bien aussi que l'on espere qu'il y trauaillera quelque iour, & qu'il en fera des experiences veritables. S'il le faisoit, ce seroit la meilleure replique qu'il pourroit donner à nostre liure, car à quoy sert-il de tant parler & de tant escrire de ce qui consiste en fait? Il vaudroit mieux nous auoir monstré vne seule operation, que d'auoir escrit vn gros liure pour prouuer qu'il s'en peut faire dix mille. Pour moy il me semble qu'on ne deuroit pas auoir l'asseurance de dire cela sans en auoir quelqu'vne toute preparee. Pour ce qui est des Talismans côtre les maladies, il est assez malaisé de les experimenter: mais il y en a dont l'effet doit estre sensible; comme de chasser quelques insectes, & l'on verroit bien s'ils fuiroient où s'ils mouroient si tost que l'on en auroit aporté vn en quelque lieu. Ie ne me puis imaginer quelles excuses l'Auteur des Curiositez Inoüyes peut donner pour n'auoir pas monstré à chacun de semblables Talismans, des que son liure a esté imprimé où quelque temps apres, si ce n'est que la constellation n'est pas encore venuë sous laquelle la plus part doiuét estre faits; & quant à ceux qu'il a pû desia faire, qu'il les tient secrets pour ne les communiquer qu'à ceux qui en doiuent faire de l'eſtat. Ie veux bien aduoüer qu'il a graué de telles figures ſous vne heure choiſie; C'eſt ce que pluſieurs peuuent faire auſſi bien comme luy : mais ce n'eſt pas à dire que cela ait de l'effet.

Nonobſtant toutes ces choſes ie ne conſeilleray iamais à qui que ce ſoit d'adiouſter foy à ce qu'il a aſſeuré dans ſon liure. Il pretend que les figures ſont ſi puiſſantes, que celles qui ſont naturelles aux pierres, doiuent auoir autant de vertu que celles qui ſont artificielles, & comme il eſt fort dágereux de ſe laiſſer trop emporter à de telles opinións, i'ay veu des gens ſi bleſſez au cerueau, qu'ils s'en alloient derriere les Chartreux & ailleurs chercher les plus beaux cailloux, & auoient touſiours dans la pochette le petit couſteau pour les ratiſſer & le marteau pour les caſſer, afin de voir s'il ne s'y trouuerroit point de Gamahez, & bien souuent ils en reuenoient si chargez qu'ils estoient dignes de pitié. Au reste les figures qu'ils disoient estre dans les cailloux, consistoient en leur imagination, & il falloit qu'ils dissent ce qu'ils en pensoient auant qu'on le peust connoistre. Il s'esmouuoit aussi quelquesfois de plaisantes querelles entre ceux qui estoient touchez de mesme maladie : L'vn disoit ie voy-là vn dragon ; l'autre disoit c'est vn chien, mais si la teste y estoit vn peu mieux figuree, ce seroit vn homme. Si l'on voyoit vne tache longue & vne petite qui resortoit de costé, c'estoit vn bras, & s'il en tenoit vne autre au bras, l'on iugeoit ce que c'estoit par la forme qu'elle auoit ; Si elle estoit mince, c'estoit vn espee ou vn sceptre, & c'estoit là vn Mars ou vn Roy. Si la marque estoit large auec quelque diuision, c'estoit vn Trident, vn Cadacée, vn gril, où vne tour, & l'on disoit que la pierre representoit Neptune, Mercure, saint Laurent, ou bien sainte Barbe ; car les saints & les saintes n'en estoient pas excluds, ny toutes les histoires saintes aussi bien que les prophanes, quand il y auoit quelque meslange d'images en vne seule pierre, & tout cela estoit si imaginaire que l'ó n'y pouuoit presque rien remarquer. quand il se trouue de ces Gamahez bien naifs & bien reconnoissables, ie ne blasme point la curiosité que l'on à de les garder : mais d'en amasser si grande quantité, voire de les aller chercher, & se passionner pour faire croire qu'il y à telle ou telle figure, c'est approcher beaucoup de la follie. Cependant ces pauures gens vantent leurs cailloux, & contestent côtre ceux qui ne leur auoïét

pas

pas qu'ils y voyent ces representations, & si l'on estime dauantage les Gamahez de quelque curieux, ils entrent en fureur & ne sçauent plus ce qu'ils disent, iusques à parler auec ignorāce, auec improprieté, ou auec irreuerence. L'vn qui croyoit auoir vn diable fort bien figuré aux pieds d'vn Ange, disoit que pour le sainct Michel il n'en faisoit pas d'estime : mais qu'il auoit bien le plus beau diable qui se peust voir, & cōme l'on prisoit le Crucifix d'vn autre, il iuroit qu'il n'eust pas voulu donner son diable pour cent Crucifix. Leurs impertinēces nous font rire malgré que nous en ayōs, quoy qu'ils nous veulent faire croire que leur curiosité est l'vne des plus belles du monde des & plus dignes du cabinet des Roys, & que celle de la recherche des papillons les plus bigarrez, des mouches cantharides & au-

T

tres infectes, des féves des Indes diuersement colorees, & mesmes des coquilles ne sont rien au prix. Passe encore pour cecy, s'ils ne sont point dans vn autre manie plus dangereuse qu'il est de croire que leurs cailloux ont diuers effets selon leurs diuerses figures, & i'ay bien peur qu'ils n'y soient tombez, s'ils ont leu le liure des Curiositez Inoüyes, qui ne tend qu'à prouuer cela. Ils croiront facilement vne telle chose, afin de donner plus de prix à leurs pierres, & c'est-là dessus qu'ils peuuent auoir de plus folles pensees qu'ils n'en eurent iamais. Ie n'ay point leu le chapitre qui traicte de cette croyance, & n'ay point consideré l'humeur de ceux qui s'y laissent gagner, que ie ne me sois souuenu de la troisiesme nouuelle de la huictiesme iournee du Decameron de Boccace, où l'on void de quelle sorte le pauure Calandrin fut trompé. Ayant ouy dire comme en secret à vn certain homme apoſté que dás vne plaine proche de Florence, il ſe trouuoit vne pierre qui rendoit inuiſible, il alla viſtement en aduertir Brun & Bulfamaque, deux Peintres ſes compagnons, & leur vouloit faire quitter leur beſogne pour en aller chercher: mais ils luy remonſtrerent qu'il falloit attendre à vn iour de Feſte, pource qu'il n'y auroit pas tant de monde qui les peuſt deſcouurir en leur deſſein, & qu'il falloit choiſir vne heure que le Soleil ne fiſt point paroiſtre blâches, les pierres qui ſeroient noires: car l'on luy auoit appris que la pierre qui rendoit inuiſible eſtoit noire, & que pour ne la point manquer, il falloit ramaſſer toutes celles qui eſtoient de cette couleur. Comme ils furent à cette aſſignation, Calandrin emplit ses pochettes de cailloux, & puis son saye dont il attacha les bords à sa ceinture, & apres il en emplit son manteau. Cependant Brun dit à Bulfamaque qu'il croyoit que Calandrin les auoit quittez, & qu'il s'estoit moqué d'eux : mais qu'ils ne deuoient plus estre si sots que de se laisser attraper à ses bourdes. Alors Calandrin tout resioüy, s'imagina d'estre inuisible & d'auoir trouué la pierre miraculeuse, tellement qu'il voulut esquiuer sans dire mot : mais comme il s'en alloit, les autres allans apres se deschargerent contre luy de leurs pierres qu'ils ruoient de toute leur force. Voila, disoit l'vn comme ie fraperois maintenãt Calandrin par les jambes, s'il estoit encore icy; Et moy, disoit l'autre, voila comme ie luy en donnerois par le dos & dans les rheins. Cependant Calandrin marchoit tousiours auec patience, croyant que c'estoit par hasard qu'ils le frapoient, & comme il fut dans la ville, il arriua qu'il ne fut abordé n'y salué de personne, tellement qu'il se confirma dans l'opinion d'estre inuisible : mais entrant en son logis sa femme le receut à belles iniures sur-ce qu'il l'auoit fait trop attendre à disner, & croyât qu'il fust fou de s'estre chargé de tant de pierres. Alors il la battit outrageusement, s'imaginant qu'elle auoit fait cesser le miracle. La dessus ses compagnons arriuerent, ausquels il conta innocemment qu'il auoit bien entendu tout ce qu'ils auoient dit de luy en s'en retournant; mais que les femmes auoient cette malediction de faire cesser la vertu aux choses : ils luy repartirent que puis qu'il sçauoit cela, il deuoit aduertir la femme qu'elle se tinst cachee, & que la faute en estoit à luy non pas à elle, & que peut-estre le miracle estoit cessé aussi, d'autant qu'il auoit voulu frustrer ses associez de cét excellent secret: ils le laisserent apres tout ennuyé, & cela leur seruit long-temps de matiere pour leur aprester à rire. Les esprits credules & grossiers sont abusez de la sorte, & ceux qui adioustent foy à la puissance des Gamahez ou des Talismans sont de vrays Calandrins, aussi dignes d'estre bernez que luy, qui fut encore finemét attrapé plusieurs fois par ces deux drosles à qui il seruoit de marotte, comme quand ils luy firent croire qu'il pourroit descouurir vn larron par des pillules enchantees, & quád ils luy aprirent des charmes, pour ioüyr d'vne fille qui d'ailleurs estoit d'assez bonne volonté, & comme elle le tenoit presque à la gesne auec de feintes caresses, ils firent entrer sa femme au mesme lieu, pour le prendre sur le fait. L'on dira que Calandrin estoit vn pauure idiot : mais il y a des gens qui font fort les capables, & ne se laissent pas moins abuser. Combien y en a-t'il qui ont creu autrefois, que s'ils receuoient les preceptes des freres de la Rose-Croix ils ne seroient pas moins inuisibles que s'ils auoient l'anneau de Gyges ? Cependant l'on asseuroit que ce que ces freres inuisibles faisoient, n'estoit que par des choses naturelles sans aucune operation du diable. Cóbien d'autres ont il creu qu'ils se pouuoient faire aimer de leurs maistresses en portát quelque pierre ou quelque herbe, selon ce qu'ils auoient leu ou ce qu'ils auoiét ouy dire? Beaucoup d'autres se chargent les bras où le col de certaines pierres qu'ils s'imaginent estre propres à les garentir de quelque mal, ou bien ils boiuent l'eau où ils les ont laissé tremper, & s'en seruent encore de quelque autre maniere, quoy que cela n'ayt non plus d'apparence de leur seruir à ce qu'ils esperent, que s'ils s'imaginoient que cela les peust rendre inuisibles, ou les porter en vn instant d'vne ville à l'autre sans passer par les chemins qui sont entre-deux.

Quant à ceux qui croyent que les figures artificielles faites sous certaines constellations ont autant de pouuoir que les naturelles, ils sont aussi merueilleusement abusez. S'ils les veulent faire eux mesmes, combien leur faut-il de soin pour espier l'heure conuenable, & s'ils les veulent esprouuer en quel danger se mettent-ils quelquefois soit pour leur santé, soit pour leur profit où leur honneur? Vn homme qui se tiendroit asseuré d'vn Talisman cōtre la peste, la pourroit gagner en conuersant trop familieremét auec les pestiferez; vn autre qui en croiroit auoir vn pour gagner au ieu, se mettroit au hasard de perdre tout son argent; Et celuy qui penseroit chasser les insectes & autres animaux nuisibles par le mesme moyé se rendroit ridicule à ceux deuant lesquels il voudroit faire cette experience, comme celuy qui ayant mis en vn certain lieu vn Talisman qu'il auoit fait contre les mousches, il y en eut vne qui le vint aussi tost estreiner de son ordure, ce que M. Gaffarel raporte mesme dans son liure, l'ayant pris de Scaliger le Pere; & cela me fait souuenir de ce plaisant espouuantail dont parle Eutrapel, lequel ayant fait peur quelque temps aux oyseaux, ils luy vindrent enfin chier sur le nez. Que si l'on porte des Talismans pour se preseruer de plusieurs maladies, & que cependant l'on ne soit pas soigneux de s'abstenir des excez, l'on ne lairra pas d'estre souuent fort indisposé. De peur qu'on ne soit aussi trompé par des Astrologues, l'on voudra faire les figures soy mesmes sous leur constellation, & ceux qui l'entreprendront y receuront beaucoup d'incommodité, de sorte que i'ay bien peur que les faisant à dessein de se garentir de quelques maladies, ils ne se fassent malades en cette operation, soit pour auoir trop veillé, soit pour s'estre morfondus en la contemplation des Astres. Auec cela s'ils sont si superstitieux de croire que contre chaque maladie & chaque funeste accident, il faille auoir vn Talisman pour preseruatif, & s'ils en veullent porter autant comme ils croiront en auoir besoin : ils auront plus de beatilles autour d'eux qu'vn pelerin de sainɾe Reyne: Mais pour obuier à cela i'ay defia ouy vne propofition fort agreable d'vn homme de cette humeur, c'eſt que pour fe garentir de porter tant de diuerfes pierres ou lames de metal, pour des effets differents, & pour preferuer auſſi chaque membre de leur maladie particuliere, il ne falloit qu'auoir vne cuiraffe complette fur laquelle les diuerfes figures fuffent grauées en leur lieu propre; mais à moins que d'eſtre Cheualier errant ce feroit vne grande incommodité d'eſtre toufiours armé, & d'ailleurs l'on peut obiecter qu'il faut que chaque Talifmá foit diſtinct pour operer diſtinctement, & qu'il ait fa matiere particuliere. L'on dira auſſi que l'on pourroit bien faire vn Talifman general pour le corps, qui par confequent le deuroit couurir tout à fait.

I'en laisse la dispute à ceux qui s'en meslent, & pour nous, nous en aurons le diuertissement sans nous en donner la peine. Entre toutes les erreurs qui peuuent occuper les esprits curieux, il n'y en à guere de plus grande que celle-là, & si quelqu'vn en est touché, quoy que l'on ne se puisse pas tenir d'en rire, si est-ce qu'il faut en auoir compassion, & tascher de le ramener en la bonne voye. I'ay fait ce que i'ay peu pour monstrer que l'opinion que l'on auoit de tous les Talismans estoit fausse selon les raisons Philosophiques, outre que les antiens Theologiens & les Modernes les desaprouuent, & i'ay tasché de destruire, ce que l'Auteur des Curiositez Inoüyes en auoit allegué. L'on a peu voir que ses argumens sont tres mauuais, & sont formez en despit des vrayes regles de la Logique. Que les consequences qu'il tire de quelque chofe ne font point valables & ne font point à propos; Que fes authoritez font falfifiees & fes hiftoires deguifees, tellement qu'il peut eftre condamné là deffus. D'ailleurs quand nous feriós pareils en force de raifons, & que la puiffance des Sophifmes égaleroit la verité, i'aurois à luy dire qu'il nous en doit aporter vn témoignage par l'experience, & quand mefme ie n'aurois aucun argument pour opofer aux fiens, i'aurois toufiours cela à luy demander, & iufques à ce qu'il nous euft contétez fur ce point, no⁹ ne ferions point obligez de luy adioufter foy. Il dira qu'il n'eft point tenu dauantage de nous donner vne experience de ce qu'il dit, que nous à en donner de ce que nous difós. Il y eft obligé pourtát, puis qu'il nous veut amener vne nouueauté: mais pour les contenter, & nous aufli, ne fçait-on pas que nous dónons des preuues de la negatiue, & nous monstrons qu'il ne se peut faire aucune cure par les Gamahez ny par les Talismans, & que iamais l'ô n'a ouy parler de cela? Ie croy que personne ne sôgera pas mesme à en vouloir faire l'espreuue ayant leu les raisôs qui ont esté dônees au côtraire. Celles qui sont dans ces Obseruations ne comprennent pas de verité tout ce qui s'en peut dire, & tout ce que le liure qu'elles examinent fait naistre sur ce suiet, dautant que le traicté particulier des Talismans satisfait à cela auec ordre, de telle sorte que ce qui a esté consideré de ce liure n'a esté que pour faire connoistre en toutes façons l'abus qu'il y auoit en ces choses, & les condamner par leur principale defense. Sans ce dessein ie ne me serois iamais aduisé d'aller critiquer là dessus, & pour monstrer comme ie ne l'ay pas fait pour aucune intention que i'aye de contrarier à l'Autheur, mais à cause du suiet de l'ouurage, ie n'ay consideré que ce qui estoit de cette matiere. Si i'auois voulu imiter ceux qui entreprennent d'abattre entierement la reputation d'vn escriuain, ie ne me serois pas contenté de neuf ou dix feuilles, i'y en aurois employé soixante, & i'aurois recherché les redites, la confusion du discours, l'impropriété des mots, l'impertinence des façons de parler, & les fautes contre la Syntaxe, ainsi que l'on fait tous les iours dans les liures qui sont oposez à d'autres : mais ie me suis tenu dans des limites plus estroictes, pource que nous songeons plus icy aux choses qu'aux paroles. C'est pourquoy ie me suis porté aussi fort librement à ce dessein, sçachāt bien qu'il me feroit obtenir tout autre nom que celuy d'vn Professeur de Critique, ioinct que d'ailleurs ce que ie souſtien eſt fondé ſur la raiſõ commune des mieux ſenſez, & ie penſe meſme que Monſieur Gaffarel en ſera d'accord, & que de dire qu'il voudra continuer de deffendre les Taliſmans, & nous en fabriquer quelques vns pour iuſtifier ſon liure comme nous auons dit tátoſt, c'eſt pour feindre ſeulemét les choſes qui ſe peuuent imaginer ſur ce ſuiet : car il eſt certain que s'eſtant retracté deuant Meſſieurs de Sorbonne, & eſtant auſſi hóme de trop bon ſens pour s'addonner à des ſuperſtitions, il auoüera touſiours deformais que tout ce qu'il en a dit n'a été que par exercice d'éprit, tellemét que ceux qui ont ajouſté foy legeremét à ces curioſitez ceſſeront de les croire, ſelon les raiſons que i'en ay alleguees, & ſuiuant le conſentement de celuy qui en étoit l'Auteur.

F I N.

LEcteurs, afin que vous fçachiez comme Meſſieurs de Sorbonne ont entierement defaprouué le liure des Curioſitez Inouyes, & que la Retractation de Monſieur Gaffarel, n'eſt point vne ſuppoſition, l'on a trouué bon de la mettre icy de la ſorte qu'elle a eſté imprimée autrefois à Paris chez IEAN GVILLEMOT, dans vn petit cahier qui ſe pourroit perdre, tellement qu'il eſt à propos de la conſeruer icy, afin que l'on voye qu'il ne faut pas adiouſter foy à ſon liure, puiſqu'il en confeſſe les erreurs.

RETRACTATIO

IAC. GAFFARELLI
Auctoris libri des Curioſitez Inoüyes.

EGo Iacobus Gaffarellus Sacrę Theologiæ Facultatis Doctor in Academiâ Valantianâ, & Doctor in Iure Canonico Academiæ Pariſienſis Author libri inſcripti (*Curioſitez Inouyes*) omnes quorum intereſt certiores facio mihi nec ceſſe, nec fuiſſe vnquam animum, ea quæ ſcripſi, docendi aſſerendique, ſed narrādi tantùm referendique, velùt variè colle-ctas ex Arabum Hebræorumque libris opiniones, eâque de cauſâ me lectori, præfatum tantùm illis me fidem habere, quantùm adhibēdum ſponſa Chriſti Ec-cleſia Catholica Apoſtolica Romana ſuadet dictatque. Cùm verò à Theolo-gie Pariſienſis Sacra Facultate admoni-tus fuerim pleraſque ex recitatis opinio-nibus Eccleſiæ aduerſas, reijciēdas dam-nandaſque eſſe; Ego ex eiuſdem Facul-tatis decreto; publico hoc ac ſolenni ſcripto eaſdem improbo, reijcio atque damno. Et quia etiam nonnulla depre-hendit ſacratiſſima Facultas in quibus ex propria animi ſententia loquutus ſum, & quæ eodem modo damnanda, & repro-banda cenſuit, ea ſimiliter damno & re-probo. Huic rei vt ſit manifeſta fides no-men cum Chirographo appoſui 4. die Octobris 1629.

I. GAFFARELLVS,

DE L'VNGVENT DES ARMES OV vnguent Sympathetique & Constelle.

Pour sçauoir si l'on en peut guerir vne playe, l'ayant apliqué seulement sur l'espee qui a fait le coup, où sur vn baston ensanglanté, ou sur le pourpoint & la chemise du blessé.

De la maniere de composer cet vnguent.

SECTION I.

LA Medecine à des remedes certains & ordinaires pour la guerison des playes, lesquels on ne luy dispute pas. L'on treuue seulement qu'en de certains pays, il y a des herbes ou des sucs dont l'on compose des vnguens, qui ont vn effect plus prompt que les autres; mais tout

V ij

cela se fait pourtant dans l'antien ordre, qui est d'apliquer les remedes sur le mal. Où semble-il aussi que l'on puisse aller chercher vne autre façon de guerir plus asseuree, si l'on ne veut sortir des bornes de la nature & de la raison? Toutesfois en ces derniers siecles il s'est trouué vn homme qui a inuenté la composition d'vn vnguent, lequel il pretend estre propre à guerir les playes estát seulement apliqué sur l'espee qui les a faites ou sur vn baston ensanglanté. Il ordonne que l'on le fasse ainsi. Que l'on prenne de ce qui croist sur le Crane d'vn homme mort exposé à toutes les iniures de l'air, ce qu'il appelle de l'vsnée, de laquelle il faut auoir deux onces, de graisse d'homme aussi deux onces, de mumie & de sang humain de chacun vne once & demie, d'huyle de lin deux drachmes, d'huyle rosat & de bol Armenien vne once. Que tout cela soit meslé ensemble, & qu'il s'en fasse vn vnguent qu'il faut enfermer auec soin; & si l'on en veut guerir vne playe, il ne faut qu'auoir vn petit baston que l'on y ait fait toucher iusqu'à ce qu'il soit teint de sang, lequel l'on foure apres dás l'vnguent, ou bien l'on applique l'vnguent dessus, & l'on le tient bien couuert; que l'on peut guerir ainsi vne playe de plus de vingt lieues loin presque aussi-tost que l'on a le baston, sans qu'il soit besoin cependant d'y faire autre chose que de la lauer de l'vrine du patient, & la bander apres; Que si l'on veut que cet vnguent serue pour les armes, & qu'y estant appliqué il guerisse les playes dont elles aurót eu du sang, cela se fait de mesme sinon qu'il y faut adiouster vne once de miel & vne drachme de graisse de bœuf.

Vn autre Operateur qui est venu depuis, & qui porte grand respect au premier, n'a pas laissé de changer l'ordonnance de cét vnguent : mais il entend aussi qu'il serue pour les espees & pour les bastons & pour autre chose sans y rien changer. Plusieurs en ont traité encore autrement, mais ils n'ont point acquis tant de credit que luy, de sorte qu'il s'y faut plustost arrester ; voicy donc comme il descrit sa composition.

Il faut prendre de la graisse de sanglier & d'ours autant de l'vne que de l'autre, la faire bouillir demie heure dans du vin auec vn feu lent, apres y verser de l'eau froide, & recueillir la graisse qui nagera au dessus, laissant le reste. Il faut encore auoir des vers de terre, les lauer dans du vin & les faire secher au feu dans vn pot bien couuert. Il faut auec cela du cerueau de sanglier, du fandal rouge, de la mumie, de l'hematite, vne once de chacun; Et enfin il faut auoir de l'vfnée au poids de deux noifettes; mais il eft befoin qu'elle foit prife du corps d'vn hôme qui ait fouffert vne mort violente. Il faut auffi auoir raclé cette vfnée fur le Crane lors que la Lune eft en fon croiffant, & qu'elle fe trouue en vne bonne conftellation, fpecialement fi elle eft iointe à Venus, & fort efloignee de Mars & de Saturne. Ayant amaffé toutes ces chofes & broyé ce qui eft fec, il y faut mefler les graiffes pour compofer l'vnguent que l'on defire, & cela fe doit faire lors que le Soleil eft au figne des balances. Cét vnguent doit eftre gardé foigneufement dás vne boifte, & s'il vient à fe fecher par fucceffion de temps, il le faut ramollir auec les mefmes graiffes de fanglier & d'ours, ou bien auec du miel vierge.

Vn autre Operateur qui est venu depuis, & qui porte grand respect au premier, n'a pas laissé de changer l'ordonnance de cét vnguent: mais il entend aussi qu'il serue pour les espees & pour les bastons & pour autre chose sans y rien changer. Plusieurs en ont traité encore autrement, mais ils n'ont point acquis tant de credit que luy, de sorte qu'il s'y faut plustost arrester; voicy dóc comme il descrit sa composition.

Il faut prendre de la graisse de sanglier & d'ours autant de l'vne que de l'autre, la faire bouillir demie heure dans du vin auec vn feu lent, apres y verser de l'eau froide, & recueillir la graisse qui nagera au dessus, laissant le reste. Il faut encore auoir des vers de terre, les lauer dans du vin & les faire secher au feu dans vn pot bien couuert. Il faut auec cela du cerueau de sanglier, du sandal rouge, de la mumie, de l'hematite, vne once de chacun; Et enfin il faut auoir de l'vsnée au poids de deux noisettes; mais il est besoin qu'elle soit prise du corps d'vn hõme qui ait souffert vne mort violente. Il faut aussi auoir raclé cette vsnée sur le Crane lors que la Lune est en son croissant, & qu'elle se trouue en vne bonne constellation, specialement si elle est iointe à Venus, & fort esloignee de Mars & de Saturne. Ayant amassé toutes ces choses & broyé ce qui est sec, il y faut mesler les graisses pour composer l'vnguent que l'on desire, & cela se doit faire lors que le Soleil est au signe des balances. Cét vnguent doit estre gardé soigneusement dás vne boiste, & s'il vient à se secher par succession de temps, il le faut ramollir auec les mesmes graisses de sanglier & d'ours, ou bien auec du miel vierge.

De la maniere de se seruir de cet vnguët.

SECTION II.

L'On tient que cette composition peut guerir la playe en quelque partie du corps que ce soit, pourueu que les parties dont dépent la vie entieremét ne soiét point offécees, & qu'il ne faut qu'auoir l'espee, le dard ou la pierre, ou quelque autre arme qui a fait le coup, & la froter de l'vnguent à l'endroit qui a frapé & où l'on trouuera encore du sang; Mais qu'il faut prendre garde si la playe est faite d'vn coup de pointe: car en ce cas, il faut oindre l'espee ou le dard de haut en bas, autrement cela nuiroit au blessé, & que si l'on ne peut conoistre de quel endroit les armes ont offencé, ny iufques où elles font entrées dãs le corps, il les faut oindre par tout; Et que cependant il n'eſt pas beſoin de recoudre la playe, ny d'en auoir autre ſoin que de la bander, & la changer tous les iours de linge, y mettant vne compreſſe trempé dans l'vrine du malade.

Voyla cóment l'on ſe ſert de cẽ te drogue en cette occaſion, & si cela a donné ſuiet à ceux qui n'en ſçauoient pas dauantage, de dire que cela eſt bon quand vn homme eſt bleſſé d'vne pierre, & quand l'on la trouue à ſes pieds, ou d'vne fleſche que l'on treuue encore dãs ſa playe: mais s'il eſt bleſſé d'vne eſpee, & que l'ennemy ayant fait le coup, l'ait retiree auſſi-toſt & emportee auec ſoy, comme il arriue d'ordinaire, il n'y aura donc aucun moyen de guerir le bleſſé; il n'en va pas de la sorte, puisque les maistres ont arresté qu'il ne faloit qu'auoir vn petit baston & le fourer dans la playe iusqu'à ce qu'il soit teint de son sang, & que l'operation se fait dessus de la mesme maniere. Quelques autres ont adiousté qu'il ne faloit qu'auoir la chemise ou le pourpoint de la personne blessée, & appliquer l'vnguent vers le trou que les armes ont fait, & sur le sang qui est sorty de la playe, & que par ce moyen l'on obtiendra vne guerison entiere.

L'on doit encore faire icy vne autre obiection : C'est que si l'on peut auoir les habits du blessé, ou vne baguette ensanglantée, ou les armes qui l'ont frappé, & si l'on est est sa presence, c'est vne simplicité de s'adresser à ces choses, plutost que de penser son mal à bon escient, & qu'ayant alors la commodité de le faire, ce secret est inutile. L'on peut respondre qu'encore que le Medecin soit present, si est-ce que cela importunera moins le malade d'apliquer les remedes sur autre chose que sur ses playes, & il en aura plus de repos, outre que l'vnguent dont l'on se sert ayant cette vertu de guerir estant mis sur des choses exterieures, il s'y faut accommoder, & s'en seruir selon sa proprieté. D'ailleurs il peut arriuer que celuy, qui aura de cet vnguent & qui en sçaura vser, sera vn homme qui ne voudra bouger de sa maison, & le malade demeurera en quelque lieu fort esloigné où il sera arresté dans le lit. Il sera alors fort vtile de porter à ce Medecin le dard qui a fait le coup ou vn baston ensanglanté, afin qu'il applique dessus le remede. Quand mesme il pourroit venir, c'est vn voyage sauué, & puis il se passeroit trop de temps entre l'auertissement

& sa venuë. Ce remede est tres necessaire en ces occasions, & dans quelque éloignemét que ce soit, cét vnguent doit auoir de l'operation, & fust ce à mille lieuës loin seló quelques vns, bien que les autres ayent reduit sa puissance à vingt ou trente lieuës; D'ailleurs il est tres estimable, quand ce ne seroit que pour nous faire connoistre les merueilleux effets qui se trouuent dans la Nature.

La pluspart de ceux qui ont ouy cette proposition l'ont blasmee ou l'ont mesprisee. Quelques vns qui en ont escrit l'ont tenuë pour fausse, ou bien ont declaré que si elle auoit quelque accomplissement, cela ne se faisoit que par l'operation des demons. Celuy qui en fait l'ouuerture n'y a pas apporté tant de defense que ceux qui se sont rangez de sa secte apres sa mort. Ceux-cy n'ont pas voulu souffrir que l'on ait condamné vn remede miraculeux duquel ils vouloient faire croire qu'ils se pouuoient seruir en perfection, tellement qu'ils ont mis la main à la plume pour ce suiet, & voicy à peu pres comment ils vantent leur drogue.

Deffense de ceux qui soustiennent l'vnguent des Armes.

SECTION III.

Ils disét qu'il ne se faut pas estóner si leur vnguent estant apliqué sur vne espee ou sur vn baston taché du sang du blessé, ils guerissent la playe dans vne grande distáce, comme s'ils la touchoient tous les iours, & y appliquoient les meilleurs remedes de l'art Chirurgique; Qu'ils peuuent satisfaire en vn coup ceux qui ont de la peine à le croire, & ceux qui l'attribuent à la sorcellerie ; Qu'ils leur remonstrent que c'est vn effet de la correspondance qui est entre toutes les choses du monde, & specialement en celle-cy où la sympathie a esté imprimee par la puissance des Astres, l'vnguent ayant esté composé en vn temps conuenable ; Que plusieurs choses naturelles donnent vn exemple visible du raport qu'elles ont ensemble; Que l'ambre attire la paille; la pierre d'aymant attire le fer, & en se remuant l'agite comme elle mesme au trauers d'vne table; que cette pierre se tourne aussi tousiours vers vn certain poinct du Ciel dans quelque distances que ce soit, Qu'il y à mesme des fleurs qui se tournent tousiours vers le Soleil. Que pour voir vne action d'vne chose sur vne autre qui en a esté extraiété, il ne faut que voir comme le vin se trouble dans les caues lors que la vigne est en fleur, quoy que celle dont il est venu soit fort esloignee; Qu'il y a pareillement du raport entre le sang & la playe, & que la guerison se fait ainsi par vne Magie qui n'est point la demoniaque & illicite, mais la naturelle & permise; que pour toutes ces choses non seulement leur vnguent est appellé vnguent des Armes, mais aussi l'vnguent sympathetique où sympatique, estant si pourueu de sympathies, & l'vnguent constellé, d'autant qu'il emprunte ses forces de l'influence des Astres qui engendre les correspondances du monde.

Nouuelles responses à ceux qui deffendẽt l'vnguent sympathetique, & Recherches exactes de la sympathie touchant l'Aymant, l'Heliotrope, & autres choses.

SECTION IV.

POur moy ayant ouy qu'ils confessent de ne rien tirer de l'assistance des demons, il me semble que ce qu'ils promettent n'est aucunement faisable, & que les exemples qu'ils alleguent ne seruent de rien pour eux. Ceux qui ont desia escrit contre leur opinion, leur ont auoüé que les choses sur lesquelles ils s'estoient appuyez se faisoient dans l'ordre qu'ils disoiét, mais que cela ne prouuoit pas qu'ils s'en fist de
mes-

mesme de leur vnguent. C'est encore auoir eu trop de complaisance. Ie veux passer pl⁹ outre, & leur móstrer que méme ces choses qu'ils prennét pour exemple n'operent pas auec la puissáce qu'ils disent. Les veulét que leur vnguent magnetique & sympathetique, guerisse les playes d'vn corps fort éloigné, estant seulement apliqué sur quelque arme ensanglantee; où voyons nous quelque chose de semblable dans la Nature? L'ambre attire la paille, mais il faut qu'elle soit mise tout proche. La pierre d'aymant attire le fer, mesme au trauers du feu & de l'eau, & si elle est mise sous vne table, lors que l'on la remuera elle fera sauter les ayguilles qui seront dessus. Cela est estrange de vray que cette pierre agisse malgré les empeschemens: mais ce n'est que dans vn certain espace, quelques vns ont dit que si deux aiguilles frottées d'vn mesme aymant estoient posees dans deux quadrans autour desquels l'on eust escrit les lettres de l'alphabet, cela pourroit seruir à deux personnes qui se voudroient communiquer secrettement de leurs nouuelles, & que quand l'on mettroit l'vne des ayguilles sur quelque lettre, l'autre se trouueroit incontinét sur la mesme. Cela n'arriue point comme l'on le dit; cette sympathie ne se trouue pas. Si le fer change de place, ce n'est que par l'attraction de l'aymant, non pas pour prendre plaisir à se mettre en mesme estat que luy; C'est pourquoy l'on peut bien en passant vne pierre d'aymát secrettement sous vn plancher, sur lequel vn tel quadran sera mis, faire aller tantost l'aiguille sur vne lettre, & tantost sur l'autre, pour former quelques mots, ce qui rauira les spectateurs en admiration ; mais cela ne se fait pas dans vn espace fort grand, & en vain l'on tascheroit de faire sçauoir quelque chose par cette inuention à vn homme qui seroit enfermé dans vn cachot fort creux, ou bien en quelque lieu fort esleué & fort eloigné. quand à ce qui est du fer suspendu en l'air à cause de plusieurs pierres d'aymant attachées aux murailles, il faut croire aussi que le lieu où cela se feroit ne deuroit pas estre fort grand, afin que la force des aymans allast iusqu'au milieu : mais en outre ie pense qu'il est fort difficille que cela se fasse, & que la puissance des pierres soit tellement esgalle, qu'il n'y en ait quelqu'vne qui attire le fer deuers elle : car en ce qui est du tombeau de Mahomet que l'on dit estre suspendu de cette sorte, c'est vne menterie : l'on à sceu des Turcs qui l'ont esté voir qu'il est seulement fort esleué: Il faudroit d'estranges pierres pour suspendre vne si grosse masse. Au reste nous reconnoissons que l'aymant a sa mesure iusqu'à laquelle il peut agir, qui est vne distance assez mediocre: C'est pourquoy il ne sert point d'exéple pour la vertu de l'vnguent sympathetique, que l'on ne pretend pas seulement de faire operer du bout d'vne chambre à l'autre, ou de l'vne à l'autre maison, mais iusqu'à plus de vingt lieuës. Si l'aymant que l'on croid estre le corps le plus pourueu de sympathie ne le peut faire, comment le fera cét vnguent que l'on croid seulement luy estre semblable en quelque chose?

La replique doit estre que l'exemple du pouuoir que l'aymant à sur le fer est tres bon pour móstrer qu'il le fait tourner comme il veut sans le toucher: mais en ce qui est de l'operation qui se fait malgré la distance, il s'en trouue au mesme aymant qui en quelque lieu du monde qu'il soit, lors qu'il est suspendu se tourne vers le Pole qui l'attire sans cesse. Il faut declarer icy qu'il y à beaucoup de monde trompé à cela, soit de ceux qui l'escriuent ou qui le disent, & de ceux qui le croyent. Il ne se faut pas imaginer que le Pole ait quelque vertu attractiue, ou bien qu'elle soit logée en quelques roches d'aimãt situées vers ce lieu ; les effets n'é pourroiét pas estre cõnus si loin; les esprits qu'ils ietteroient se dissiperoient à moitié chemin sans estre receus, de sorte que la pierre d'aimãt demeureroit souuent d'vn autre costé. Tenõs pour certain que le principe qui fait tourner la pierre d'aymant vers vn certain lieu, est en elle mesme ; que de sa Nature elle doit tousiours se tour-

X iij

ner vers cet endroit, & qu'elle s'ayme en cette position, & par ce moyé il n'est pas necessaire de s'imaginer quelque attraction exterieure.

Pource qui est de l'heliotrope, l'on peut dire qu'il ne faut pas s'estonner s'il suit le Soleil, veu que ses rayons arriuent iusqu'à luy, & qu'il n'y à point d'Astre qui en ait de si puissans comme le supreme agent de la Nature. Cela ne fait rien pour l'vnguent dont nous traictons: car ce seroit vne moquerie de dire qu'il iettast des rays à vingt lieuës loin sur vne playe. Il est vray que l'on dit que l'heliotrope ne laisse pas de suiure le lieu ou est le Soleil, encore qu'il soit caché de nuages, où qu'il soit passé en l'autre hemisphere. Si cela est nous connoissons que cette fleur ne se tourne pas pour estre attirée par le Soleil, mais parce que de sa Nature elle doit tousiours tourner ainsi, & d'autant que le chemin qu'elle fait s'accorde en quelque sorte à celuy du Soleil, l'on a pensé qu'elle en estoit attirée. Ie dy cecy au cas qu'il soit vray qu'il y ait au monde vne fleur qui tourne de cette façon, mais nous ne sçauons qui elle est & où elle se trouue, & l'on luy a donné vn nom grec qui signifie la qualité que l'on luy attribue, afin d'aporter à cecy quelque aparence de verité. Quelques vns prennent le Soucy, pour l'heliotrope, ou d'autres grosses fleurs iaunes qui en ont presque la forme, mais qui sont de beaucoup plus grosses. Il est certain que quád le Soleil se leue, ces fleurs s'epanoüissent & fôt quelquefois vn peu de chemin, mais elles ne font pas vn tour entier, & le Soleil est souuent d'vn costé lors qu'elles sont de l'autre. Pource qui est de s'ouurir & de se tourner vn peu, comme fait lors que leur vin est agité, où bié en cherche-t'ō des nouuelles? Il seroit malaisé d'ajuster ces choses; mais sans tant de peine nous remarquōs au contraire que les vins suiuent la loy du climat où ils se rencontrent, ce qui est tres naturel, puis qu'ils s'échauffent où se refroidissent, selon les lieux où ils sont mis. Quand mesmes ils ne bougeroient du pied de leur vigne, s'ils estoient agitez en mesme temps qu'elle seroit en fleur, ce ne seroit pas elle qui en seroit cause, mais ce changement leur arriueroit à tous deux d'vne mesme cause superieure. Il n'y à donc point là d'exemple pour la sympathie de l'vnguent que l'on applique sur les armes; Outre cela i'y rencontre vne tres notable difference, qui est seule capable de tout ruiner.

L'on dit que le fer se tourne vers l'aymant, l'aymant vers le Pole, & l'heliotrope vers le Soleil, pource qu'ils en sont attirez, & que le vin se trouble quand la vigne est en fleur à cause qu'elle agit dessus luy; l'on pretend monstrer par là que chaque chose obeyt à vne autre qui luy est superieure, & dont elle depend; Que le fer est quelque corps d'vne nature côforme, mais moindre que celle de l'aymant; Que l'aymant symbolise aussi auec quelques Astres du Pole ou auec quelques roches qui sont situées au dessous, ausquelles sont ses mines & ses racines; Que l'heliotrope suit le Soleil d'autant que le Soleil attirant son humidité le fait courber deuers luy, & que le vin doit estre agité aussi de mesme que les plantes dont il a esté tiré. Tout cecy est au rebours de l'effect que l'on attend de l'vnguent magnetique, & soit que cela se fasse entierement ou en partie, cela est encore bien plus naturel à s'imaginer que les effets de cette drogue

Autre recherche de la sympathie touchant les corps elementaires, les plantes, & les animaux, touchant l'exemple de celuy qui perdit le nez que l'on luy auoit fait croistre par artifice, ce qui se peut dire des marques que les enfans apportent du ventre de leur mere, & du sang qui sort des playes d'vn mort deuant le meurtrier.

SECTION V.

IE dy donc que l'on se peut figurer qu'il y a des corps qui agissét reciproquement les vns enuers les autres, & que tous les corps semblables sont de cette sorte ; Que deux flammes se ioignent auec vne pareille vistesse de part & d'autre ; que deux gouttes d'eau s'vnissent de pareille affection, & que ces corps ont des qualitez attractiues & conionctiues les vns pour les autres. Le feu & l'eau preuuent assez cette vnion & toutes les liqueurs & les vapeurs pareillement: mais pour se ioindre dans vne certaine distáce sans que le poids y porte dans vn panchant comme il fait l'eau, rien ne le peut si bien faire comme la flamme. L'on peut dire que les vapeurs qui sortét du feu se touchent desia, & attirent les flammes apres elles pour se ioindre, en quoy l'on monstrera qu'elles n'agissent point l'vne enuers l'autre sans se toucher. Cela est tres certain, de sorte que l'on ne trouue rien en tout cela, sinon que les choses semblables se plaisent ensemble, & se ioignent quand elles se touchent. Neátmoins l'on demande encore vne sympathie plus forte: Il faut monstrer qu'il

y a des choses qui s'accordent tellement qu'elles se mettét tousiours
chacun en vn mesme estat. Il y a
force plantes qui se plaisent l'vne
aupres de l'autre, & qui lors que les
autres croissent heureusement, s'en
trouuent bien aussi. L'oliuier est bié
aupres du Myrte; les aulx, les ro-
siers, & les lys, se portent certaine
affection, & l'on tient que plusieurs
autres plantes ont beaucoup de có-
uenance: mais l'on peut dire que la
proximité y est necessaire, & que
leurs racines qui s'ayment & qui se
touchent sont cause de les faire prosperer les vnes & les autres. D'ailleurs
il faut considerer qu'il y a des plantes qui demandent vne pareille situation. Celles-là viennent bien aupres de celles qui sont d'vne mesme
qualité: mais il y en a d'autres de
qualité differente qui neátmoins ne
laissent pas de croistre fort bien l'v-
ne au-

ne auprès de l'autre; pource que si l'vne ayme l'humidité, elle l'attire toute à elle & fait que l'autre qui ayme la secheresse, s'en trouue mieux. L'on raporte encore qu'il y a difference de sexe entre les palmiers, & que le masle & la femelle s'entraiment de telle sorte, qu'il les faut planter l'vn aupres de l'autre pour les faire croistre parfaitement; Que si l'vn reuerdit l'autre reuerdit en mesme temps; que s'il y en a vn qui se meurt, l'autre se meurt aussi. Pour moy ie respondray à cela qu'estans en vn mesme terroir, il ne faut pas s'estóner s'ils prosperent egalemét; Et s'il arriue à tous deux de ne guere porter de fruit vne certaine année, c'est qu'estans si voisins, les gelées, ou les gresles, ou les pluyes trop grandes n'ont pas sceu endommager l'vn sans l'autre, & de là il peut arriuer aussi que la mort surprenne

Y

tous les deux en vn temps assez proche. C'est ce qui peut tromper ceux qui s'y figurét de la sympathie. Toutefois ils disent qu'outre cela il sort de certaines vapeurs de l'vn & de l'autre qui les recréent, & que s'ils sont vn peu éloignez, il suffit que le vent en soit le porteur; que l'on connoist aussi leur affection en ce qu'ils se panchent l'vn enuers l'autre, & souhaitent de se lier. Pour leurs vapeurs ce sont choses inuisibles; mais l'on adiouste que pour rendre les palmiers femelles fertiles il les faut frotter de la poudre du masle. Ce sont de vieilles obseruations qui n'ont point de fondement; & quát aux palmiers qui s'embrassent s'ils sont fort proches, cela peut arriuer à plusieurs autres arbres sans aucune vehemente affection. Toutefois ie veux accorder qu'il s'y en trouue: Il faudra tousiours reconoistre que

le plaisir qu'vn palmier receut de l'autre, ne se fait que par l'attouchement, où de ses propres membres, où de ce qui en sort, tellement que ce n'est point là vne sympathie qui rende les choses semblables dans vne longue distance sans aucune apparence de liaison, comme doit faire l'vnguent dont nous parlons. Mais si nous ne trouuons point de tel effet, feignós en vn; Disons que le fer & l'aymant n'ont pas seulement des atraits reciproques, mais que ce que l'vn fait, il faut que l'autre le fasse dans quelque distance que ce soit. Quand il y auroit encore au monde d'autres sympathies tres veritables, seroit-ce à dire qu'il y en deust auoir entre le sang qui est sur l'espée, & les playes dont il est sorti? Quoy pource qu'il est vrai qu'il se trouue des conuenances entre certaines choses, vn nouueau Do-
Y ij

cteur nous pensera-il prouuer qu'il s'en doit rencontrer aussi entre toutes les choses qu'il lui plaira choisir. L'on remplit des liures tous entiers d'exemples de sympathie qui la plus part sont faux, mais quand ils seroient vrays, l'on n'a encore rien gagné; S'il y a de la sympathie entre ces choses, il n'y à point entre celles dont nous parlons.

Ce qu'il y a repliqué : c'est que si l'on rencontre de la sympathie entre quelques choses semblables, il y en doit auoir en toutes: mais si l'on pretéd que cela soit, ie diray que lors que l'on aura du sang d'vn homme, & que l'on luy voudra donner la fievre, il n'y aura qu'à faire chauffer ce sang & le troubler, & qu'à lors celuy qui sera demeuré dans son corps, se deura troubler de mesme.

Nos aduersaires estáns poursuiuis de si prés sont contraints de declarer la meilleure partie de leur secret; ils diront qu'il n'y a point de doute que cela se pourroit faire, mais qu'il faudroit corrompre ce sang auec des ceremonies requises, autrement que ce n'est qu'vne chose morte qui estant separée du corps doit auoir vne nouuelle conseruation de vie; & que si le sang ou la chair estant separez du total sont reanimez, ils ont apres vne mesme destinée que leur premiere masse, & par quelques moyens la peuuent aussi faire changer comme eux.

Pour ce qui est du premier poinct de donner à la chair & au sang separez vne vie semblable à celle du corps dót ils procedét, l'on raporte l'exemple d'vn Gentil-homme qui ayant la moitié du nez coupé, loüa vn pauure homme à prix d'argent pour permettre qu'on luy fist vne incision dans le bras où le Chirurgien fourra sa moitié de nez qui reprit chair, & fut apres fort bien formée; mais à quelques années de là ce bout de nez tôba en pourriture, & l'on sçeut que c'estoit qu'en mesme temps celuy qui auoit presté son bras estoit mort. L'on pense que cela arriua par sympathie, & que la chair de ce nez ne pouuoit subsister apres que le corps dont elle auoit esté tirée n'estoit plus viuant. Pour moy ie diray que ce bout de nez n'estant pas d'vne chair fort naturelle, ne deuoit pas tousiours durer, & que par hasard il estoit arriué qu'il estoit tombé au mesme temps que cet homme estoit trespassé. C'est au cas que cela soit vray, mais ie ne croy pas que l'on puisse faire croistre ainsi vn nez par artifice, & quand cela seroit, s'il estoit fort bié venu, ie tien qu'il ne periroit pas, encore que le corps qui luy auroit donné la naissance & l'alimét mourust. Par cette raison les enfans deuroient mourir lors que leur mere mourroit: Que si les corps qui ont donné la naissance à d'autres, ne les chágent point par le chágemét qui n'arriue qu'en eux mesmes, comment seroit il possible que ces corps qui en deriuent & qui sont moindres, eussent du pouuoir sur eux? Il n'y à dóc poinct icy de preuue pour nostre second poinct qui est celuy qui nous importe maintenant, & il ne semble pas que le sang separé doiue agir sur celuy qui demeure dans le corps.

Mais ce n'est pas tout d'animer le sang separé (disent ces ouuriers merueilleux) Il faut trouuer des moyés qui luy donnent vne continuité auec sa masse complette, & c'est là que doiuent cesser toutes les obiections que l'on leur a fait iusqu'à cette heure de la distance qui nuit à l'action. Que tout ce sang estant en sa continuité est agité par la force de l'imagination & de la passion dont nous voyons d'estranges effects; Que les femmes grosses s'estans imaginé quelque obiect leur sang en prend l'impression & la porte à l'enfant qui est dans leur ventre, & que le sang d'vn homme qui a esté tué vient à boüillonner & à sortir de la playe en presence du meurtrier, à cause de la colere qui s'y est imprimée contre l'ennemy, laquelle vient à se resuciller lors que de certains esprits qui sortent des corps, luy font sentir sa venuë.

Ie responds à cecy premierement que la comparaison que l'on prend de la femme grosse n'est point à propos, d'autant qu'il n'y sçauroit auoir vne continuité pareille entre le sang qui estant separé de sa playe est seché sur vne espée à vingt lieuës loin, & le sang & les esprits d'vne femme qui agissent sur son propre fruict, bien que celuy qui veut faire la cure par le moyen de son vnguét, pense operer encore par imagination: L'esprit de l'homme n'a point de pouuoir sur des choses exterieures & eloignées.

Quand au corps nauré dont le sang rejallit vers l'homicide, ie sçay bien que c'est en cela que les aduersaires se promettent de triompher; ils croyent que c'est vn effect qui monstre parfaitement que les choses corporelles ont du sentimét les vnes pour les autres & que cela se fait malgré la distance. Chacun admire vn cas si estrange, & les curieux font de grands discours pour en sçauoir precisemét la raison; Mais n'est-ce pas estre bien de loisir & perdre sa peine à credit, si premierement l'on ne sçait si cela est vray?

A t'on veu toufiours le corps d'vn homme tué faigner deuant le meurtrier? N'a t'il point aufli faigné quelquefois deuant d'autres? Ne confidere t'on pas qu'il n'y a aucune raifon qui monftre que cela fe doiue faire, & que c'eft vne follie de dire que dedans le corps d'vn mort il demeure vn efprit de colere & de vengeance, puis que les paffions ne fe logent que dans l'ame fenfitiue qui n'y eft plus? L'on dit que cette ame a donné fon impreffion au fang; Il eft vray qu'elle l'a efchauffé de courroux: mais quand elle eft partie, elle la laiffé tout froid; & puis quand il demeureroit chaud, pourquoy fe ietteroit il vers fon ennemy, pluftoft que vers vn autre? Il faudroit qu'il euft du iugemét pour cela, & qu'il difcernaft les hommes, ce qui n'apartient qu'a l'ame raifonnable, qui n'y fait plus fa demeure. Que si quelques vns disent que cela se fait par permission diuine, afin que le meurtrier soit descouuert & soit puny, ie leur accorde que cela se peut faire de cette sorte, parce que Dieu est tout puissant: mais en ce cas là ils n'ont pas encore gain de cause, pour ce qu'il ne leur sert de rien d'amener en exemple vne chose surnaturelle, estant besoin d'vn effet naturel.

A sçauoir si l'vnguent sympathetique peut guerir naturellement, s'il reçoit quelque force des Astres & si sa vertu peut estre transportee par l'Esprit vniuersel du monde.

SECTION VI.

I'Apelle naturel ce que l'on pretend faire par l'vnguent sympathetique; Ceux qui l'ont inuenté y consentent, mais pourtant ce sont des choses bien estranges de faire que le sang separé de la playe de plus de vingt lieuës, agisse sur elle, & qu'il se fasse vne continuité pour cette sympathie. Afin de ne plus cacher leur secret, ils disent que cela se fait par le moyen de la constellation sous laquelle l'vnguent a esté fait, & qu'estant appliqué sur ce sang il agit puissament sur la playe. Quand il seroit vray que les Astres auroient ietté leurs rayons sur cette drogue, y en demeureroit-il quelque impression apres? Lors qu'ils ne luisent plus la chaleur qu'ils ont donnee s'aneantit; mais l'on dira qu'ils ont auec cela ietté quelque influence qui s'imprime dans vn suiet bien preparé, & y demeure eternellement. I'ay desia refuté cette opinion touchant les Talismans: Il n'est point croyable qu'vne pierre ou vn metal, ou vne composition de diuers ingrediens, reçoiuent vne force pareille aux Astres sous lesquels l'on les a preparez, pour estre d'autres Astres en Terre, & faire mesme plus que les Astres. En effet il ne se trouue point d'Estoille qui pour estre mesme placee au dessus de la maison d'vn homme, guerisse ses blessures sans autre appareil. Neantmoins l'on se fonde sur cette vertu celeste; C'est pourquoy l'vnguent qui sert à cette cure porte encore le nom de constellé. Si l'on demande donc comment vne playe peut estre guerie en frottant seulement de cette drogue le dard ensanglanté, l'on dit qu'il sort de là vne puissance secrette qui va iusqu'au corps du malade malgré l'esloignement, ainsi que les Estoilles iettent leurs influences du Ciel en terre au trauers, des nuages & des autres empeſchemens.

Si l'on veut encore s'informer plus auant & dire que l'on conſent que l'vnguent ait receu quelque puiſſance: mais que l'on ne peut comprendre comment le tranſport s'en fait iuſqu'à la playe éloignée de vingt lieuës ou dauantage, ceux qui deffendent cette cure, declarent enfin que cela ſe fait par l'Eſprit vniuerſel du monde, qui eſtant eſpandu par tout, lie les choſes celeſtes auec les terreſtres, les ſuperieures auec les inferieures, & conioinct celles la qui s'entrayment & qui ſót diuiſees ſeruant de vehicule ou de chariot pour tranſporter leurs affections, & qu'outre que les matieres bien preparées le diſpoſent à cela, le deſir ardant auec l'imagination forte de celuy qui fait l'operation, l'y incitent, & font qu'ils s'y attache pour y seruir de secours.

Voila vne puissance tres grande: mais elle est feinte & n'est fondee que sur des erreurs. Les Astres ne donent point vn pouuoir extraordinaire à des matieres qui sont figurees ou meslangées sous leur constellation, & il n'y a point d'esprit vniuersel qui adhere à cét ouurage, & obeysse à l'imagination de l'hóme. Quelques Philosophes qui ne reconnoissent point la toute puissance de Dieu, ont crû que le monde estoit vn grand animal qui auoit du sentiment & de la raison, & que son ame espanduë par tout, donnoit vigueur à toutes choses; Mais nous sçauons que la masse des elemens, n'a point d'autres qualitez, que celles qui sont propres à sa matiere; que le sentiment est seulemét pour les animaux, & la raison particulierement pour l'homme; & que

Dieu conduit toutes ces choses selon la Nature qu'il leur a donnee, estant par tout & au dessus de tout, & s'y meslant sans y estre contraint: C'est dóc vne impieté de croire qu'il s'asseruisse aux volontez des hommes, & à leurs vaines operations, & quand le monde ne seroit mesme gouuerné que par vne ame particuliere, ce seroit vn abus de penser en tirer des seruices pour accomplir toutes les operations que l'imagination se voudroit former. Au lieu de luy laisser sa puissance souueraine, ce seroit le vouloir captiuer sous nos loix. Quelque puissance spirituelle que l'on se figure au monde pour guider les sympathies, il n'y en a aucune que l'on se peust obliger par les moyens dont l'on se sert à vouloir penser les playes de loin.

Des

Des choses qui seruent à la composition de l'vnguent sympathetique, & si elles sont capables de guerir les playes sans les toucher. Que cette cure a du raport auec celle des sorciers, & que si elle se faisoit, il faudroit que ce fust par vn art diabolique.

SECTION VII.

L'On dit qu'il faut prendre des champignons ou de la mousse qui soit creüe sur des os de mort; l'on n'en void guerre ou il en croisse pourtant à cause de leur secheresse, aussi ceux qui en ont parlé depuis le premier inuenteur, ont dit qu'il faloit que ce fust sur le Crane d'vn homme qui auroit eu vne mort violente; Et parce que tout les corps de ceux qui ont finy par vne telle mort ne sont pas laissez sans sepulture, ce qui empesche qu'on ne puisse trouuer cela, d'autres ont commenté la dessus, & asseuré qu'il fa'oit que ce fust sur le Crane d'vn pendu, pource qu'il est exposé à l'air, & que la chair qui y demeure se pourrissant est capable de produire quelque chose, outre que le corps ayant esté suffoqué, les esprits qui s'estoient trouué pressez dans la teste auoient porté vne vertu extraordinaire au Crane. Ie ne croy pas pourtant qu'il y vienne ny champignons ny potirons, ny mousse, mais quoy que ce soit la pourriture qui s'y trouue peut estre raclee, & l'on l'apellera de l'Vsnée, sil'on veut: Comme cette chose est incertaine, aussi luy a t'on donné vn nom inconnu. Quand à la force des esprits resserrez ie tien qu'elle est vaine, & que l'homme estant mort les esprits se sont amortis, & ne se sont point portez à cette partie exterieure. quand ils y auroient esté & que l'vsnée seroit en abondance, quelle qualité auroit elle pour s'accorder auec les Astres, ny l'axunge, la mumie & le sang humain? Que peuuent encore à cela le bol Armenien, l'huile de lin & l'huile rosar? Que si l'on fait l'vnguent comme les modernes l'ont proposé & qu'auec le sandal rouge, l'hematite, l'vsnée & la Mumie, l'on mesle de la graisse de sanglier & d'ours, & du cerueau de sanglier, cela semble encore moins raisonnable ; car qu'est-ce que les hommes ont de commun auec ces animaux, s'il est ainsi que l'on vueille agir par ressemblance ? Mais l'on dira que la conuenance est en ce que l'on a du propre sang du blessé sur lequel l'on à appliqué ce remede, & qu'il suffit que ce soit vne composition propre à guerir, comme en effet on se sert de la graisse de toute sorte d'animaux pour faire des vnguents: Toutefois ie respondray que l'on a voulu attendre vn effect extraordinaire de cette drogue, & que c'est pour cela que l'on a ordóné de prendre de la graisse d'homme, & que ces changement me rendent l'affaire suspecte, & font voir que ce n'est que fourbe quand on n'en auroit point d'autre connoissance. Toutes les obseruations des temps ne seruent encore de rien à cecy. A quelque iour que l'on puisse faire cette composition, c'est vne follie de croire qu'elle puisse guerir la playe d'vn homme éloigné, estant apliquee sur quelque chose qui soit taché de son sang.

Ie conclus que cela ne peut estre

par les raisons que i'ay deduites, & pour ce que nous n'en voyons aucune experience. Aussi semble-t'il que l'on seroit fort imprudent de s'amuser à ce remede lors qu'vn hóme est blessé & de laisser ses playes sans aucun appareil; il faudroit faire cette espreuue pour quelque personne dont on ne se souciroit guere. Quoy qu'il en soit l'on tient pourtant qu'il y a des gens qui guerissent les playes sans voir le blessé & sans appliquer le remede autre part que sur quelque baston ou quelque habit ensanglanté. Si cela est ie soustien encore que cela ne se peut faire naturellement, & que ceux qui ont dit, que si cela se faisoit, il y deuoit auoir de l'operation du diable, ont beaucoup d'aparence de raison. Aussi la composition de l'vnguent magnetique à beaucoup de conformité auec les drogues des sorciers.

Les mauuais esprits qui les cõseilléts les tiennent sans cesse attachez sur les charognes, leur font emprunter leurs drogues des gibets, & les incitent mesmes à tuer les enfans pour en auoir le sang & la graisse. Voyla vne partie de ce qui sert à l'vnguent de sympathie: car le reste n'est que pour la liaison. Il est vray que l'on dit que les soldats qui en font dans les armees, n'ont pas tousiours la commodité de trouuer ces choses, & qu'ils ne prennent que de certaines herbes auec de la graisse de porc surquoy l'on peut coniecturer que tout cela ne sert aussi à rien, & que ce n'est qu'vne vaine ceremonie, qui se fait pour marque de la chose, & qu'il y a quelques paroles secrettes à proferer, lesquelles implorent le secours du diable suiuant la paction qui en a esté faicte par quelque Magicien. Il en est de mesme

en ce qui est de l'espee enfanglatee:
car il n'importe que ce soit celle qui
a fait le coup, & a faute de cela l'on
peut aussi auoir vn baston qui ait
esté fouré dans la playe, ou bien la
chemise, ou le pourpoint teintes de
sang, & peut estre vaudroit-il autant n'auoir rien du tout : car tout
cela est inutile également, si ce n'est
d'autant que ce sont des temoignages du dessein que l'on a de guerir
quelqu'vn, & que le Demon trouue
des marques de la fiance que l'on a
en luy. Pour vne autre preuue que
cette guerison que l'on pretéd estre
sympathique, ressemble fort à celle des sorciers, nous sçauons que
de tout temps l'on a creu qu'ils faisoient des images par lesquelles ils
pouuoient faire souffrir du mal à
ceux au nom de qui elles estoient
faites, ou bien les rendre amoureux
& affectionnez enuers quelqu'vn.

Z iiij

N'est-ce pas là vne sympathie qui agit dans l'absence? Pour ce qui est de la guerison de quelques maux, l'on dit qu'il y à des gens qui en gueriffent plusieurs en apliquant les remedes sur d'autres choses. Si l'on s'est rompu le bras & la iambe, ils mettent l'emplastre sur le bras d'vne chaire, ou sur vn pilier d'escabelle, & par ce moyen la iambe & le pied se trouueront redressez & consolidez. quelquefois si l'on s'est seulement desmis le pied, ou si quelqu'autre membre est disloqué, ils prendront vne branche d'ozier, la ployeront, & ayant dit quelques paroles & fait quelques simagrées, la branche se trouuera aussi saine qu'auparauant, & de mesme le mébre sera remis en sa place. quelques vns prennent pour cela vne branche de saule, & l'vn de ceux qui ont parlé pour l'vnguent sympathetique s'accorde à cela ; car il ordonne que si au lieu de l'espee qui a fait la playe, l'on veut ensanglanter vn baston, que ce soit du bois de saule. L'on donne pour raison que cét arbre est aimé des demós, & que tout cecy se fait par voye de sorcellerie, de mesme que toutes les autres cures merueilleuses. S'il est certain que les autres se fassent, celle cy se peut bien faire aussi ; mais plusieurs reuoquent en doute le pouuoir que l'on attribue aux sorciers, & disent que les choses que l'on en raconte sont inuentées à plaisir. Si l'on est de leur opinion l'on ne croira point que l'vnguent sympathetique ait aucun effet, ny d'vne façon ny d'autre, puis que nous luy auons desia osté la puissance naturelle que l'on luy attribuë, & qu'ils ne luy veulent pas donner non plus la surnaturelle. Pour ce qui est de cette derniere, ie n'en puis pas refoudre icy : Cela dépend du traicté particulier qui doit estre fait sur les forces de la Magie. Nous arrestons seulement en ce lieu que les playes ne sont point gueries naturellement, en apliquant vn cettain vnguent sur les armes, & que si cela se faisoit ce deuroit estre par quelque moyen surnaturel ; mais que ce n'est point vne chose certaine que cela se fasse mesme de quelque façon que ce soit. Que nous ne trouuons personne qui asseure qu'il en ait veu l'experience : mais quand il se trouueroit quelqu'vn qui auroit suiet de le dire, il pourroit s'estre trompé ; car si vne playe s'estoit guerie, tandis que l'vnguent estoit apliqué sur des armes tachees de son sang, c'est qu'elle n'estoit pas fort dangereuse, & que la Nature se trouuoit si puissante au corps du blessé, que petit à petit il recouuroit sa guerison de luy mesme. Voyla ce que l'on doit penser de cette espreuue, sans s'imaginer que l'vnguent sympathetique ou constellé, ait le pouuoir de guerir les playes sans les toucher, estant apliqué sur des armes ensanglantees, & si quelqu'vn persiste à croire que cela se peut faire, il prend plaisir à se laisser tromper.

Obseruations sur le traité de l'vnguent sympathetique, & sur les Auteurs qui en ont parlé.

TEophraste Paracelse est celuy qui a parlé le premier de l'vnguent de sympathie, sous le titre, d'vnguent admirable pour les playes. Il donne la maniere de le faire en son liure, de la Medecine celeste, & dit qu'il peut seruir aussi à d'autres maux; comme pour apaiser la douleur de dents, ayant frotté vn baston contre les genciues & l'ayant teint de sang, il ne faut qu'apliquer l'emplastre sur ce baston. Dauantage si vn mareschal à blessé vn cheual au pied en le ferrant, il ne faut aussi que receuoir son sang sur vn baston & l'entourer d'vne emplastre de cet vnguent, ou le fourer dans la boiste mesme. C'est icy que cet Operateur fait connoistre qu'il ne prend pas beaucoup garde à ce qu'il dit. Il auoit destiné só vnguét, pour les playes, & il veut qu'il guerisse aussi le mal de dents. L'on dira qu'en se frottant la genciue l'on se fait vne petite playe, puis qu'il en sort du sang; Cela est vray, mais si l'vnguent guerit cette playe, le mal de dents ne sera pas guery neantmoins.

Ie m'eſtonne encore que cet vnguent puiſſe guerir les playes des cheuaux. Paracelſe veut qu'il y entre de la graiſſe d'homme, de la mumie & du ſang humain; C'eſt pour faire paroiſtre que ces choſes agiſſent par ſympathie ſur le corps des hommes à cauſe de la reſſemblance: Que s'il en veut guerir auſſi les cheuaux, il me ſemble qu'il faudroit qu'il ordonnaſt, que l'on priſt de leur ſang, de leur graiſſe, & de leur chair, & que l'on cherchaſt ce qui pourroit croiſtre ſur leur teſt expoſé à l'air, ainſi qu'il ordonne de faire pour les hommes.

Qui plus eſt, il fait vn autre Chapitre ſous ce titre *Armorum vnguentum*, ou il dit que l'on peut faire auſſi vn vnguent auec lequel ſi les armes qui ſont teintes du ſang du bleſſé ſont frottees, l'on peut guerir la playe ſans douleur, & qu'il ſe fait presque comme le premier, excepté que l'on y adiouste vne once de miel & vne drachme de graisse de bœuf. N'est-ce pas vne grande folie de croire que pour auoir adiousté ces deux choses à cet vnguét, cela luy ait donné toute vne autre vertu? Quel raport y a t'il du miel & de la graisse de bœuf auec le fer, pour faire qu'estans meslez en vn vnguent, l'aplication qui s'en fait sur vne espee guerisse la playe qu'elle a faite? Quelle accointance ont aussi les autres drogues auec le baston, & d'ailleurs comment tout cela opere-t'il sur des choses qui n'ont point de vie ny de sentiment? Paracelse croid-il qu'il soit plus malaisé de guerir la playe en apliquant l'vnguent sur les armes qui ont fait le coup, que sur vn baston ensanglanté? N'y l'vn ny l'autre ne seruent de rien: mais pourtant quelques vns ont creu que cela auoit plus d'aparence sur les armes. Pour luy il ne fait point paroistre son opinion: C'est pourquoy ceux de sa secte ont iugé cela esgal. Osvvaldus Crollius qui est le plus estimé d'entr'eux a mis cela dans l'indifference, & n'a prescrit qu'vn seul vnguent pour l'vn & pour l'autre. Il se fait de cette seconde maniere qui est dans nostre traité, & parce qu'il n'est pas tout à fait semblable à ceux de son maistre, il peut dire pour sa deffense, qu'il a commenté sur ses inuentions, & que faisant vne drogue qui guerit d'vne & d'autre maniere, il faut y adiouster necessairement quelque chose; mais que le principal y demeure tousiours, cóme la mumie, le sang humain & l'vsnée. Toutefois nous luy demanderons pourquoy il y a adiousté des vers de terre, & de la graisse de sanglier & d'ours? Puis que c'est pour guerir les hommes par choses semblables, n'estoit-ce pas assez d'y mettre de la mumie & du sang humain? Mais quelle raison aurons-nous de gents qui ne sont pas raisonnables? Ils ne sçauent pourquoy ils ont ordonné cela, & ce n'a iamais esté que par bigearrerie. L'on dit aussi que quelques soldats Allemans qui se meslent de faire l'vnguent des armes se contentent de prendre de la graisse de porc à faute d'autre, & n'y mettent ny mumie ny vsnée, ce qui fait connoistre que toutes ces choses sont vaines.

Pource qui est d'apliquer l'vnguent sur l'espée qui a fait le coup ou sur vn baston ensanglanté, l'on ne s'est pas encore arresté là, l'on a dit que cela se pouuoit faire sur la chemise ou sur le pourpoint du blessé, ou sur ses chausses si c'estoit
par

par là que les playes euſſent eſté faites, & qu'il y en euſt du ſang. En effet cela eſt auſi à propos que d'autre ſorte: L'on connoiſt bien qu'il n'y a autre myſtere en cette cure, que d'auoir du ſang du bleſſé, & cela eſtant l'on ne deuoit point faire de diſtinction d'entre vn vnguent ou l'autre pour ſeruir aux baſtons, aux eſpees, ou aux chemiſes. Il faloit dire que cet vnguent pouuoit guerir les playes eſtant apliqué ſur quoy que ce ſoit où il y euſt du ſang du bleſſé.

Pour ce qui eſt de guerir les playes eſtant apliqué ſur le pourpoint, qu'il me ſoit permis de citer icy le Roman de Lyſandre & Caliſte; ie le fay parce qu'eſcriuant en François, il n'y en a guere de ceux qui ayment cette langue & qui ſe plaiſent aux gentilleſſes du monde qui n'ayent connoiſſance de ce liure; d'ailleurs le ſieur d'Audiguier qui la composé, nous a asseuré autrefois qu'encore qu'il ne fust pas vray que tout ce qu'il attribuoit à son Lysandre fust arriué à vn seul homme, si est-ce que tous les accidens qu'il descriuoit estoient veritablement arriuez à quelqu'vn. Il peut bien pourtant auoir escrit des choses sur le simple raport d'autruy. Tant y a qu'au troisiesme ou quatriesme liure de son histoire de Lysandre il dit que ce Caualier ayant esté fort blessé par des gens qui l'auoient voulu assasiner, fut guery en peu de iours par vn homme qui ne vit iamais que son pourpoint ; & cela deuoit estre fait par l'onguent de sympathie quoy que d'Audiguier ne le dise pas, n'ayant pas peut-estre connoissance des secrets des Allemans, & n'ayant pas leu leurs liures; car comme dit l'Anti-Roman, *ce seroit bien assez, si ceux qui composent* les Romans sçauoient les choses necessaires sans les obliger à sçauoir les choses curieuses.

Puis que nous sommes sur le suiet des Romans, i'en veux encore alleguer vn autre des plus connus. Ie puis bien raporter des fables sur vn suiet tout fabuleux. Ie veux parler des Bergeries d'Astree, où Celidee qui s'estoit deffiguré le visage auec vne pointe de diamant pour n'estre plus agreable aux yeux d'vn ieune homme passionné, estant apres mariee à celuy pour qui elle se reseruoit, fut conseillee de recouurer sa beauté ; & de r'ouurir ses playes pour ensanglanter vn baston, & l'enuoyer à vn Medecin estranger qui apliquant vn certain vnguent dessus, deuoit non seulement guerir les playes, mais en effacer les cicatrices, à quoy elle consentit, & cela arriua comme l'on luy auoit proposé. Voyla vne operation qui se fait par le baston : mais elle est encore plus grande que les Auteurs Allemans ne promettent. Ils asseurent de guerir les playes, non pas d'oster les cicatrices: mais quand ils le diroient, l'on les croiroit autant de l'vn que de l'autre.

Ces choses sont suportables pour des liures faits à plaisir, dedans lesquels l'on sçayt bien qu'il y a mille autres impossibilitez; mais d'asseurer cela pour vray dans des liures que l'ō fait pour l'vtilité publique, & pour enseigner des remedes à toute sorte d'accidens, c'est tromper le monde. Nous connoissons assez que cette cure n'est point naturelle, & que ce que l'on en dit n'est pas veritable, ou bien que cela s'est fait par sorcellerie. L'histoire du sieur d'Audiguier s'accorde encore à cecy, car il dit que quelque temps apres que Lysandre fut guery estát allé en voyage, il tomba malade, à l'extremité, & vomit des miroirs, des images de cire, des ganifs, des escritoires, & autres choses prodigieuses, ce qui estoit vn temoignage qu'il auoit esté guery par sorcellerie, & que comme le diable ne fait rien pour rien & enuoye vn mal pour vn autre, cette fascheuse maladie estoit l'vsure du bien fait qu'il auoit receu pour auoir esté si tost guery de ses playes. Il y a des obseruations à faire sur ce vomissement estrange, dót les Remarques du dixiesme liure de l'histoire du Berger Extrauagant font quelque mention. Ie renuoye librement les lecteurs à cet Anti-Roman, car il raporte en beaucoup d'endroits des choses qui peuuent seruir d'esclaircissement à tout ce qui est icy. Par exemple, les Remarques du 7.

liure parlent de ces deux quadrans où l'Alphabet estoit marqué autour & quand l'on mettoit l'vne des ayguilles sur vne lettre l'autre s'y mettoit aussi, ce que ceux qui deffendent l'vnguent des armes ont raporté pour exemple de sympathie, ainsi que l'on void dans nostre texte. Quant à la puissance des planettes & des signes du Ciel, le mesme Anti-Roman fait voir en beaucoup d'endroits les erreurs que l'on a euës sur ce sujet, ce qui peut seruir de Cómentaire pour l'vnguent constellé & aussi pour les Talismás. Ceux qui ne sçauent ce que c'est de doctrine & d'erudition, prennent l'histoire du Berger Lysis pour vne simple raillerie: mais ceux qui penetrent plus auant & cósiderent les Remarquent qui sont à la fin de chaque liure, voyent bien que cela est fait pour contenir quantité de secrets

Philosophiques sous des fictions agreables.

Que l'histoire de la maladie de Lysandre soit vraye ou fausse, cela monstre pourtant l'opinion que l'on doit auoir d'vne telle guerison, comme celle qui se fait en apliquât de l'vnguent sur vne espee ou sur vn pourpoint. Toutefois plusieurs resistent à cela, soustenans que l'vnguent des armes à de veritables effets & tres naturels, surquoy l'on allegue Baptiste Porta, qui dit que Paracelse auoit donné de cet vnguent à l'Empereur Maximilian: mais comment le sçait-il, & puis quand cela seroit, est-ce à dire que cet vnguent peust seruir à ce qu'il dit? Qui doute qu'on ne puisse faire vne composition de toutes les drogues que Paracelse ordonne? I'en excepte l'Vsnée qui est fort difficile à trouuer; mais quand il n'y en auroit point, l'Operateur peut faire à croire qu'il y en a. Le principal c'est d'en voir l'experience, dont l'on ne reçoit pas de bons temoignages. Quelques escriuains ont voulu pourtant monstrer que cela se deuoit faire par force de raisons, & il s'est esmeu là dessus, vne grosse querelle.

Goclenius Auteur Alleman auoit parlé de cecy dans quelqu'vn de ses liures, & Robertus Iesuiste ne le pouuant souffrir, l'en auoit repris dans vn sien ouurage qu'il appelloit l'Anatomie. Goclenius offencé de cecy fit pour responce vn liure intitulé, *Synarthrosis magnetica*, où il donne des exemples de sympathie & de proprietez de pierres qui n'ont aucune preuue pource qu'il pretend, & il raporte encore ce que Arnauld de Villeneuue a dit de la maniere de faire des figures constellées, ce qui n'est aucunement à propos, quoy que cela tienne la plus grande partie de son liure. Robertus luy a repliqué par vn liure qu'il appelle *Goclenius, heautõtimorumenos, id est seipsum excrucians*, ce qu'il fait auec les raisons qui pouuoient tomber dans le suiet. Il remonstre là que Paracelse qui a inuenté l'vnguent sympathetique, estoit vn imposteur qui a mis en auant quantité d'autres choses impertinentes, & que la compagnie des freres de la Rose-croix qui se disét inuisibles, n'est autre chose qu'vne congregation de ses disciples. Au reste il reprend la maniere de guerir par cet vnguent, & temoigne que cela ne se peut faire autrement que par sorcellerie; il dit que si la sorciere Canidia est portée par l'air au sabbat s'estant frottée d'vn certain vnguent, cela n'est pas si estrange que la guerison que l'on pretend faire, dautant que les corps peuuent estre portez en l'air en quelque façon; que les pierres & les dards estans iettez de force s'y soustiennent quelque temps, que les vapeurs s'y esleuent toutes seules, & que les oyseaux y volent auec leurs aisles, mais de transporter les qualitez d'vn vnguent à vingt lieuës loin iusqu'à vne playe, c'est ce qui n'a aucune apparence d'estre naturel. que l'on pourroit dire aussi tost que Goclenius ayant allumé du feu dans la ville de Marpurg où il demeure peut faire brusler la poudre à canon de l'Arsenac du grand Turc, ou bien qu'ayant faim sans sortir de sa maison il se peut rassasier des viandes que l'ō porte sur la table du grand Chá de Tartarie, & qu'ayant vn amy en Suéde ou ailleurs qui boit à sa santé & l'inuite à luy faire raison, tandis qu'il souffle des fourneaux d'Alchimiste ou qu'il fait boüillir son pot d'vnguent, il en pourra estre enyuré. Il finit par ces railleries que Goclenius n'a peu supporter, tellement qu'il a fait la dessus vn autre liure qu'il appelle, *Morosophia Roberti*: mais ce n'est qu'vne repetitiō de ce qui est dans le *Synarthrosis*. Ce qu'il y a de particulier, c'est qu'il veut prendre Robert pour duppe, de ce qu'il le tient pour Paracelsiste, & s'est employé à descrier Paracelse pensant luy faire tort. Il declare qu'il ne recognoist point Paracelse pour Precepteur, que c'estoit vn trompeur & vn charlatan, qui auoit rendu perclus de tous ses membres, vn Seigneur qui auoit seulement mal au pied, & qu'il faisoit bien tost mourir ceux qui estoient entre ses mains. Cette contrepointe est foible; car à quel suiet mesprisera t'il

Paracelse, & pourquoy n'auoüera
t'il pas qu'il est de ses sectateurs, s'il
deffend l'vnguent de sympathie
que cét homme à inuenté? Quand
aux images qu'Arnauld de Villeneufue enseigne de faire sous certaines constellations qu'estoit-il besoin de raporter particulierement
tout ce qu'il en dit, puis qu'il les de-
saprouue, & les tient pour superstitieuses? Il auoit desia raporté cela
dans le Synarthrosis, ce qui n'estoit
aucunement à propos, à cause de la
longueur ennuyeuse, car notez que
cela contient trente ou quarante
fueillets; & neantmoins il le raporte encore tout du long & de la mesme sorte, n'ayant fait que le copier,
& c'est pour monstrer à ce qu'il dit
de quelle façon il a desia raporté cela, afin que personne n'y soit trompé. Cela n'estoit-il pas fort necessaire? Ne pouuoit-on pas aller voir

cela dans le premier liure? Il semble que ces gens là prennent à tasche de se faire moquer d'eux. Voyla vne agreable façon de faire des liures & tres aysée de raporter mot pour mot ce qui est dans les autres : Vn Imprimeur peut faire cela sans auoir besoin d'vn autheur. Au reste que pretend Goclenius apres auoir monstré que la maniere de faire des images d'Arnauld de Villeneufue est pleine de superstitions? est-ce pour monstrer que sa guerison magnetique n'est pas superstitieuse? elle l'est neantmoins, puis que l'on a dela fiance en des choses qui n'ont aucun pouuoir, & que d'ailleurs il y a quelques Auteurs qui tiennent que lors que l'on fait l'vnguent il faut faire abstinence du ieu de Venus.

Ie laisse là cet Autheur auquel à succedé Helinontius qui a pris le party contre Robertus dans vn liure qu'il appelle, *Disputatio de magnetica vulnerum curatione.* Cettuy-cy veut parler comme vn homme illuminé. Il adreſſe vne epiſtre à ſon Genie duquel il eſpere d'apprendre toutes choſes, & quand à ſon ouurage il declare qu'il l'à entrepris ſur-ce qu'il a veu que Goclenius auoit mal reuſſi à deffendre vne cauſe ſi bonne comme celle de l'vnguent ſympathetique. Il dit la verité en beaucoup de choſes touchant les deffaux de Goclenius: mais encore qu'il ſoit plus ſubtil & plus methodique, il n'a pas de meilleures raiſons. Il raporte les exemples de la pierre d'aimant, de l'heliotrope, du vin qui ſe trouble quand les vignes ſont en fleur, & autres choſes naturelles qu'il croid eſtre propres à fortifier ſon opinion. Nous auons deſia veu que cela n'y ſert pas de beaucoup; Mais ce qu'il a de particulier c'est qu'il se laisse emporter à des extrauagances que l'on n'auoit point encore veuës ailleurs sur ce suiet. Il raporte qu'il se fait d'autres cures magnetiques aussi estranges que celle de l'vnguent des armes; que si l'on veut guerir l'hydropisie, la goutte, & autres maladies desesperées, il faut prendre du sang du malade, & l'ayant enfermé dans la coquille d'vn œuf le tenir chaud quelque temps, & l'ayant apres meslé auec de la chair le donner à manger à vn chien ou à vn pourceau, & que la maladie passera dans le corps de la beste, le malade se trouuant guery. Ce sont des inuentions de Paracelse, lesquelles, il est inutile de nous raporter pour preuue. C'est vouloir prouuer vne chose incónuë par vne autre aussi peu connuë. Il n'y a pas moins d'impossibilité à cette cure de l'œuf qu'à celle de l'vnguent des armes.

Helmontius raporte apres vne chose fort salle pour exemple du magnetisme laquelle il n'est pas pourtant deffendu de dire icy pour faire voir l'impertinence de cette sorte de gés, & resiouyr les lecteurs, cette inuention estant assez plaisante d'elle méme. Il dit que si quelqu'vn a accoustumé de venir chier sur vne porte & que l'on s'en vueille vanger, il ne faut qu'allumer du feu sur ses excremens lors qu'ils sont encore tous recens, & que cependant il luy viendra de la galle aux fesses par vne force magnetique. Dites maintenant que cela se fait par la puissance du diable, adiouste-t'il; il n'y a point là de paroles ou d'autres ceremonies qui tiennent du sorcier, non plus qu'à la guerison qui se fait par l'vnguent sympathetique.

Il fait mention encore de quelques autres choses qui à son dire ont de grands effets qui sont purement naturels, de sorte que la cure magnetique de l'vnguent des armes leur pourroit bien ressembler; mais l'on n'a iamais ouy parler que toutes ces choses se fissent, tellement qu'elles ne peuuent seruir de preuue, car s'il vouloit mesme nous les faire croire, il faudroit qu'il cherchast d'autres preuues & d'autres exemples pour les soustenir. Au reste quoy qu'il soustienne que cette cure ne soit point superstitieuse, & qu'elle ne demande ny la foy ny l'imagination, si est-ce que ny luy ny les autres qui en ont parlé, n'ont sceu rendre autre raison du transport des vertus magnetiques, que le secours de l'Esprit vniuersel du Monde, auquel celuy qui opere se ioinct par le desir & l'imagination.

de l'œuf qu'à celle de l'vnguent des armes.

Helmontius raporte apres vne chose fort salle pour exemple du magnetisme laquelle il n'est pas pourtant deffendu de dire icy pour faire voir l'impertinence de cette sorte de gés, & resiouyr les lecteurs, cette inuention estant assez plaisante d'elle méme. Il dit que si quelqu'vn a accoustumé de venir chier sur vne porte & que l'on s'en vueille vanger, il ne faut qu'allumer du feu sur ses excremens lors qu'ils sont encore tous recens, & que cependant il luy viendra de la galle aux fesses par vne force magnetique. Dites maintenant que cela se fait par la puissance du diable, adiouste-t'il; il n'y a point là de paroles ou d'autres ceremonies qui tiennent du sorcier, non plus qu'à la guerison qui se fait par l'vnguent sympathetique.

Il fait mention encore de quelques autres choses qui à son dire ont de grands effets qui sont purement naturels, de sorte que la cure magnetique de l'vnguent des armes leur pourroit bien ressembler; mais l'on n'a iamais ouy parler que toutes ces choses se fissent, tellement qu'elles ne peuuent seruir de preuue, car s'il vouloit mesme nous les faire croire, il faudroit qu'il cherchast d'autres preuues & d'autres exemples pour les soustenir. Au reste quoy qu'il soustienne que cette cure ne soit point superstitieuse, & qu'elle ne demande ny la foy ny l'imagination, si est-ce que ny luy ny les autres qui en ont parlé, n'ont sceu rendre autre raison du transport des vertus magnetiques, que le secours de l'Esprit vniuersel du Monde, auquel celuy qui opere se ioinct par le desir & l'imagination.

D'ailleurs ils veullent que l'vnguent ait esté composé à de certains iours, auec des obseruations qui estans inutiles, la superstition en est euidente. C'est en vain qu'Helmontius croid encore deffendre son vnguét par les loüanges qu'il donne au premier inuenteur. L'on sçait quel hōme estoit ce personnage.

Sur ce que le Iesuiste Robertus auoit dit qu'il ne seroit pas à croire qu'vne telle puissance naturelle que celle de l'vnguent sympathetique eust esté si long-temps cachée au monde, & qu'elle eust attendu à se monstrer à la venuë de Paracelse; Helmontius luy demande pourquoy le bien-heureux Ignace n'est point venu aussi plustost au monde pour fonder vn ordre si profitable à toute la Chrestienté; & luy dit que Dieu qui fait ses presens sans aucune contrainte, les donne quand il luy plaist. Toutes les autres subtilitez, qu'il cherche ne seruent pourtant de rien, puis qu'il n'est point euident que cette cure se fasse, & qu'encore qu'il y eust au monde d'autres effets sympathetiques, ce n'est pas à dire que cettuy-cy se deust faire seulement à cause qu'il à pleu à Paracelse de se l'imaginer.

S'il y a d'autres Auteurs qui ont parlé à l'aduantage de l'vnguent des armes, ils n'en ont pas tant dit, desorte que cela ne merite pas que l'on s'areste à eux. Loysel en a parlé dás ses obseruations de Medecine, & Mósieur Gaffarel apres luy dans ses Curiositez Inoüyes au septiesme Chapitre, ce qui a desia esté examiné, & de semblables témoignages ne nous esbranlent pas beaucoup.

Pour ce qui est de ceux qui ont parlé contre la puissance pretenduë de cet vnguent, il y a Sennertus dans son liure de Chirurgie, & Matteus dans vn liure qui traite de plusieurs cures diuerses. Ils ont parlé chacun selon leur stile & leur esprit, & le traité que nous auons icy est aussi d'vne façon particuliere auec des raisonnemens qui ne se trouuent pas dans les autres qui sont faits sur ce suiet, & i'ay bien voulu les nommer tout exprés, afin que l'on les pust voir & en remarquer la difference.

Or ce traité de l'vnguent sympathetique a esté ioint à celuy des Talismans, parce qu'en effet cet vnguent doit estre vn veritable Talisman, puis qu'il est fait sous vne certaine constellation, & que l'on veut qu'il opere par sympathie sur des choses dont il est esloigné, ainsi que l'on pretend que les Talismans ayét du pouuoir sur beaucoup de choses qu'ils ne touchent point. D'ailleurs puis que Monsieur Gaffarel appuye ses Talismans de l'exemple de la cure magnetique de cet vnguent, il a esté à propos d'en faire des recherches pour ioindre aux obseruatiós qui ont esté faites sur son liure.

Si l'on veut en suite estre esclaircy de toutes choses, il faut considerer la puissance des Astres dans vn traicté particulier, *de l'Astrologie*, & voir par mesme moyen la croyance que l'on doit auoir, *de la Iudiciaire*, & en suite il faut chercher qu'elles sont les puissances, *De la magie & des sortileges*; Cóme aussi la premiere partie, *de la Science des choses Corporelles*, donnera beaucoup de connoissance en ce qui est des principes de la nature; & la seconde faisant remarquer quelle est l'action du Soleil sur les autres corps, fortifiera d'autant plus le iugement de ceux qui se voudront adonner à la recherche de la verité.

Le Libraire aux Lecteurs.

CEs traictez *d'Astrologie* & de *Magie* qui sont promis icy, sont aussi prests qu'estoient ceux que nous auons dans ce present liure, lorsque nous auons commencé de l'imprimer, comme aussi sont ceux *De l'action du Soleil sur les autres corps*, *De la vraye nature de la lumiere*, & *Des Meteores*, & le liure des *Exercices de vertu*, ou des, *Exercices Moraux & meslez*, dont on vous a parlé ailleurs. Neantmoins l'on ne vous les donne point encore, peut-estre pource que ces diuersitez vous osteroient l'enuie & le moyen de les voir toutes auec loisir, ou pour d'autres meilleures raisōs, mais nous ne perdons pas l'esperance de les auoir quelque iour pour en faire part au public : Toutefois ie ne sçay si nous trauaillerons desormais par pieces destachées, & si l'on ne trouuera point plus à propos de donner toute *la seconde partie de la science des choses corporelles*, dans vne vraye suite.

Il s'est passé quelques fautes dans l'impression de ce liure lesquelles vous excuserez, puis que l'on a esté soigneux d'en marquer icy les principales.

Du Traitté des Talismans.

Page.16.l.18, *lisez* ou ce metal. p 31.l.1. influence. p.38. l.1.sert, & l.21. miroirs boßus. p.50 l 17. en bref. p.57.l. 11 sont suiets aux Planetes inconnues, & l'11. & si l'vn n'excede point l'autre. p.83.l.20. receues. p 88.l.4 qu'vn scorpion viuant aura faite. p.104 l. 16. les machines, & l.21. & ce qui est. p.116 l.8 quand il y en auroit eu. p.117. l.10. sous le regne de Clotaire second Roy de France, fils de Chilperic.

Des obseruations sur les Curiositez Inouyes.

Page.184.l.5. *lisez* elles racôtent qu'elles ont esté aportées du Ciel aussi bien que la Sainte Ampoulle p. 89. l.22. par industrie, & L 23. eust esté enfouye en vn lieu. p.195.l 11 Medicina. p.200 l.14. nous serons trop faciles à persuader. p 201.l.22. guerissent quelque mal à cause. de p.268.l.11. vne lame. p 290 l 6. qui est.

Du Traitté de l'vnguent des Armes

Page.344.l.19. *lisez* en sa presence. 351.l.6. Ils veulent 352.l.10. se tourneroit. p 367.l.1. reçoit. p.368.l.11. ce qu'il y a à repliquer. p.387.l.5. teints.

Extraict du Priuilege du Roy.

Par lettres Patentes du Roy données à Paris le 3. iour d'Aoust 1634. signées Renoüard & seellées du grand sceau de cire jaune, il est permis à C. S. S. De l'Isle, de faire imprimer par tel Libraire ou Imprimeur que bon luy semblera, *Vn Traitté des Talismans auec les Obseruations sur les Curiositez Inouyes, & vn autre de l'vnguent des Armes*, & tous les autres Traictez qui dependent de la science des choses Corporelles, & deffenses sont faites à toutes autres personnes de quelque qualité qu'ils soient de les faire imprimer vendre & distribuer sur les peines y contenuës pendant le temps de dix ans, à compter du iour que ledit liure sera acheué d'imprimer, comme il est plus amplement porté par lesdites lettres de Priuilege.

Et ledit sieur de l'Isle a consenty & consent que Anthoine de Sommauille, marchand Libraire, iouysse dudit Priuilege pour l'impression desdits Traictez des Talismans, Obseruations sur les Curiositez Inouyes, & vnguent des Armes.

www.ingramcontent.com/pod-product-compliance
Lightning Source LLC
Chambersburg PA
CBHW050432170426
43201CB00008B/646